Human
Resource
Development
for Future
Business
Creation

吉田 寿
Yoshida Hisashi

未来創造型人材開発

進化する育成戦略と学びのデザイン

経団連出版

はじめに—企業にとって真に価値ある人材とは？

　企業競争力の源泉は、いうまでもなく「人」です。企業において近年、この事実が再認識されるようになってきました。働き方改革を進めダイバーシティ（多様性）に基づく経営改革を実現するためにも、人口減少による国内市場の縮小を前提にグローバル市場に打って出るにも、あらためて人材のもつ競争優位性が問われるようになったからです。

　人事改革を推進していくなかで、実際に定期的・継続的な「人材開発」に注力する企業も増えてきています。しかし、経営や人事が想定するほど人材開発が進まないという、悩ましい課題が見え隠れしているのも事実です。

　本書では、これからのグローバル競争やAI（Artificial Intelligence；人工知能）革命を勝ち抜くための企業活動において、真に価値ある人材のあり方と、そのような人材を計画的・継続的に育成していくうえでの人材開発のエッセンスについて、著者のこれまでのコンサルティング経験をベースに具体的な事例も交えて解説します。

　本書は、人材開発領域の最新のトレンドに基づきトピックスを厳選し、その内容を可能なかぎり平易に表現することで、企業各社における人材開発の具体的な実践に資する知見の提供をめざして執筆いたしました。

　読者のみなさまにおかれましては、企業の成長にとってもっとも重要な人材開発に関する理論を理解していただき、企業各社における取り組みと人材開発のための実践的手法を身につけ、人材開発のための具体的なプランを企画・実践できるレベルの知識と手法の習得をはかっていただければと考えます。

　本書を手にされる読者のみなさまの参考に供せれば幸いです。

2020年9月
吉田　寿

目　次

第9章
モチベーション・マネジメントと人材開発

第10章
キャリア自律の必要性と戦略的キャリア開発

第14章
グローバル人材育成の潮流

第15章
「学び直し」の時代へ

表紙カバーデザイン——矢部竜二

第1章
企業競争力の源泉としての人材と人材開発

❖劣後する人材の競争力

　優秀な人材をもつ力を国ごとに評価するものに「世界人材競争力指数」（Global Talent Competitiveness Index；GTCI）があります。毎年、ダボスで開催されるWorld Economic Forum（世界経済フォーラム）に合わせて発表されているもので、2020年版によれば、日本は調査対象国132ヵ国中19位で、前回調査（22位）より３つ順位を上げました。上位10位のうち７ヵ国は欧州で、人材の獲得や育成で世界をリードしていることがわかります。ちなみに、スイスが国別ランキングで１位、アメリカが２位、シンガポールが３位です。

　スイスやシンガポールは、世界の人材を集めるという点では優れています。小国であるがゆえに、歴史的に市場も人材も外国に求める必要があり、その歴史が、経済のグローバル化の波に乗って、今日の繁栄につながっています。一方、日本は外国籍人材を惹きつける力はいまだ弱いままで、毎年20位前後と低迷を続けています。

　今日の日本に足りないのは単純労働の労働者だといわれています。しかし、質も数も足りないのは、破壊的なイノベーションを起こせる経営者や技術者です。一般労働者であれば、日本の平均的な賃金で海外から呼ぶことができますが、有能な経営者や技術者はそれでは集まりません。日本企業は、日本人も含めたグローバルな人事・処遇制度を整備して、人材の競争力向上に努める必要があります。

　ちなみに、世界人材競争力指数2020年版が取り組んでいるテーマは、「AI時代におけるグローバル人材」です。今日、AIの進化・発展が仕事の質に急速な変化を与えていることは、ごく身近に感じるようになりました。機械やアルゴリズムが職務における役割と責任の多様性に影響を及ぼし、ほとんどすべての仕事に変容を促していくなかで、これまでに存在しなかった新た

な仕事も創出されていくことでしょう。この変革的なテクノロジーから価値を創造していくためにも、適切な人材の開発が必要とされるのです。

このことは、あらゆる業界や産業セクターでAIが「ゲームチェンジャー」（物事の状況や流れを一変させるもの）となる「第4次産業革命」の時代の中心テーマであり、今日の企業の人材開発やスキル開発に大きなインパクトを与えています。このAI主導の世界が生み出すニーズに対応するため、これまでの学習構造に進化が求められています。

グローバルな視点でみると、IT技術が発達し、どこででも仕事ができる環境になったことで、国境を越えた人材の流動化はより容易になりました。また、難民問題は深刻化し、移民の受け入れは重要なテーマとなっています。こうした世界情勢の変化に十分対応できていない日本は、グローバル・ビジネスを展開するうえで、競争力の低下が懸念されています。

日本企業は、これまで長期安定雇用を前提に高い集団能力を発揮して、企業競争力を強化してきました。しかし、経営を取り巻く環境が不連続に変化している現在、その優位性が相対的に低下してきています。多様な個人が活躍し、環境変化に即応する経営を実現するために、経営トップ自らが率先して人材マネジメントのアップデートや組織文化の変革に、スピード感をもって取り組まなければなりません。

かつては、「持続する競争優位」を前提とした戦略が語られていました。しかし、リタ・マグレイスの『競争優位の終焉』（日本経済新聞出版版）がいうように、いま語られるのは、「一時的な競争優位」に基づく戦略です。不安定で不確実な環境で勝つためには、企業競争力の源泉としての人材のあり方も、厳しく問われる時代となったということです。

❖経営戦略を実現する人材開発

人材開発のあり方は、時代の変遷を経て変化を遂げてきています。たとえば、**図表1-1**に示すように、昨今の人材開発は、自社の経営方針やビジョンに基づく経営戦略と、それをベースとする経営計画に密接に連動し、人事諸制度の一環としての人材開発制度の枠組みのなかで行われます。そして、育成された人材を、当該人材が所属する組織のなかでどう戦略的に活用し戦力

図表1-1　戦略と連動し戦略を実現する人材開発

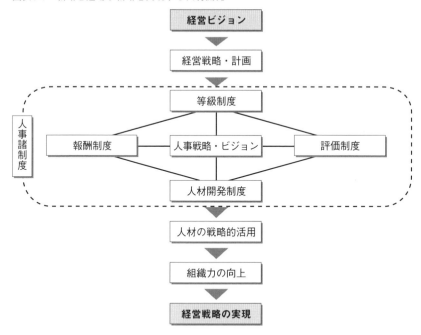

化するかを考慮し、個人の力を組織の力に結集して経営戦略の実現をはかります。この、個人力を組織力に結集する段階で、人材開発は組織開発と密接な関係をもつようになります。

　日本企業におけるこれまでの人事や人材マネジメントの流れをざっと俯瞰したものが**図表1-2**です。1980年代までは、いわゆる「人事管理」や「労務管理」といった言葉がぴったり当てはまる時代でした。企業側の視点が強く、人事の側からみれば、そこで働く社員は「コスト」という意味合いが強かったようです。集団的モラール（士気）の維持・管理が重視され、コスト・コントロールの観点からも、安く働かせることが重視されました。その特徴は「集団主義」といった言葉で語られ、労働条件を巡る労使交渉も活発で、一時代を画していました。

　企業人事の分水嶺となったのは、1990年代初頭です。いわゆる「バブル経済の崩壊」とともに、それまでの人事・労務管理のフレームワークが変更を

図表1-2 日本における人材マネジメントの変遷

	人事・労務管理 Personnel Management	人材マネジメント Human Resource Management	戦略的人材 マネジメント Strategic Human Resource Management	タレント マネジメント Talent Management
時 代	1980年代まで	1990年代以降	2000年代~現在	2010年代~現在
人材に対する 考え方	コスト	投資価値ある資本 (=Human Capital)	持続的な競争優位 の源泉	人は希少で貴重な 資産
キー・ コンセプト	集団的モラールの 維持・管理	個の自律と自己責任	戦略の実現と 個人の自己実現	グローバル／ ダイバーシティ／ ピープルマネジメント
人材マネジメ ントモデル	コントロール モデル	コミットメント モデル	戦略モデル	1on1モデル
特 徴	安く働かせること が重要 労使交渉を重視	社員のやる気を 引き出すことが重要	戦略との整合性／ HRM施策間の整合性 の確保	一人ひとりのタレント (才能)を引き出しエン ゲージメントを高める

余儀なくされたのです。企業の構造改革（リストラクチャリング）は、人事のリストラへと発展し、年功主義人事は、能力主義へ、さらには成果主義人事制度改革へと進んでいきました。一方で「人材マネジメント」（HRM；Human Resource Management）という言葉が使われるようになったのも、この時代でした。やがて、経営「資源」（Resource）の一つとしての人材から、投資価値ある「資本」という意味合いで「ヒューマン・キャピタル」（HC；Human Capital）という言葉も使われるようになりました。この時期には人材のリストラが進んだこともあり、終身雇用の崩壊と「個の自律」が叫ばれた時代でもありました。「自由と自己責任」が時代を象徴する言葉となる一方で、モチベーションやES（Employee Satisfaction；社員満足度）の向上が話題に上り、時代背景も手伝って、社員のやる気をどう引き出すかが重要視されました。

　21世紀に入ると、単に「人材マネジメント」ではなく、「戦略的人材マネジメント」（SHRM；Strategic Human Resource Management）と呼ばれるようになります。経営戦略と人材マネジメントを有機的にリンクさせ、経営戦略の実現や企業競争力の向上のために人材を戦略的に活用することで、人材は持続的な競争優位の源泉とみなされ、企業戦略と個人の自己実現をどう同

時達成させるかに焦点が当てられました。最近では「戦略人事」という表現もよく使われていますが、これは「戦略的人材マネジメント」と同義です。

　2010年代に入り、まずブーム的様相を呈したのが「グローバル人事」や「グローバル人材マネジメント」です。グローバル人材をいかに育成するか、グローバル・グレード制をどう構築するかが話題となりました。次が「女性活躍推進」です。女性活躍推進法が成立し、女性管理職の育成や登用が本格的に議論されるようになりました。やがて「ダイバーシティ・マネジメント」という言葉が広まると、グローバルも女性活躍も、非正規社員やLGBT（性的マイノリティ）のテーマも含めて「ダイバーシティ」で包摂されるようになります。働き方改革が本格化してくると、一人ひとりの社員の働き方がフォーカスされるようになり、「タレント・マネジメント」（TM；Talent Management）、「タレント・ディベロップメント」（TD；Talent Development）という言葉も頻繁に使われるようになりました。

　ここ30年ほどの人事改革の変遷は、企業側が提供する「全社員一律人事」から、社員一人ひとりにフォーカスした「人事のパーソナライゼーション」（個別化・個性化）の流れと理解することもできます。サイボウズのように、「100人100通り人事」を標榜して、個別個々の社員の人事・処遇に丁寧に取り組んでいる会社も出てきました。また、昨今の1 on 1ミーティング（上司と部下が1対1で行う対話）の爆発的ブームもその一端と解釈できるでしょう。そんなところから、タレント・マネジメントは一段の進化を果たし、「ピープル・マネジメント」（People Management）へとステップアップしようとしています。

　2020年代は、ピープル・マネジメントが主流を占める時代となるかもしれません。

❖人材マネジメントの目的

　人材マネジメントの目的を達成する場合に重視すべきは、「経営の視点」（＝企業目標を達成する）と「人の視点」（＝人材の価値を高める）を、短期目標と長期目標に照らしてバランスよく考えることです。

　つまり、経営の視点に重きをおくなら、短期目標の実現のためには、たと

えば現在の会社の戦略や企業目標を達成するための成果貢献重視型のマネジメントを実践すべきでしょう。一方、長期目標の実現のためには、経営環境やビジネスの変化にともない、戦略を構築する能力の獲得に向けたマネジメントが重要になります。

　人の視点に軸足をおいて考えるなら、短期目標の実現のためには、人材を評価し、その結果を処遇に結びつけるうえでの公正性と納得性の充足をはかるマネジメントを実践すべきでしょう。一方、長期目標の実現にあたってはキャリアの開発や人材としての市場価値（エンプロイアビリティ）の向上を支援するマネジメントが求められます。

　実務的には、経営ビジョンや経営戦略が求めているものに応じて、時には複眼的に考えることも必要ですし、複数の視点のバランスを保つことが大切になる場合もあります。また、企業のおかれた状況に応じて、重点を変えていく柔軟性も求められてきます。

❖ 「ヒト」という経営資源の特異性

「ヒト、モノ、カネ」などと呼ばれる経営資源のなかで、「ヒト」は少し特異な経営資源といえます。

　人材マネジメントは、企業の経営ビジョン、ミッション、バリューと密接に結びつき、経営戦略に基づく計画を実現するために戦略的な活用がはかられるようになってきました。しかし、他の経営資源と異なるところは、当該資源が「生身の人間」であるということです。したがって、当然のことながら感情に左右され、「やる気」や「モチベーション」、最近の流行語でいえば「エンゲージメント」（Engagement；組織や仕事に対する貢献意欲）や「EX」（Employee Experience；社員の能力や共感を高めるために最適な経験を提供すること）が重視されます。

　製造業に代表される第２次産業が主体であった20世紀とは異なり、21世紀は、サービスやソフトビジネスなど第３次産業が主流となってきます。そこでは、いうまでもなく主役は「ヒト」です。そんなところから、「ヒト、モノ、カネ」の時代から「ヒト、ヒト、ヒト」の時代へ、などといわれるようになってきました。

人材マネジメントの実践のためには、戦略立案系の要素として、当該企業が属する業界の競争の質を考慮し、そこにおける企業戦略を考え、あるべき人員構成に配慮した適正な人材ポートフォリオを構築する一方で、適正な利益水準や将来的な成長性を見越した人件費支払能力を確保していく必要があります。

　また、経営環境にかかわる要素として、労働関連法制の改正動向や雇用慣行の変化を注視し、外部労働市場（転職市場）の近年の動向も視野に入れながら人材マネジメント戦略を考え、人材開発を実践していく必要に迫られます。当然、人事部門の力量のみならず、労働組合との関係性も問われることになります。

❖人材マネジメントの領域

　人材マネジメントの領域は、業務としては多岐にわたりますが、主として図表1-3に示すように、採用から始まり代謝（退職）に至る７つの機能に集約されます。それぞれに対応する内容としては、以下があげられます。

- 採用：新卒採用、通年採用、中途採用、リファラル採用、インターンシップ、非正規社員採用（コンティンジェント・ワーカー、等）
- 配置：［異動・配置］定期異動、社内FA（フリーエージェント）制、社内公募、適性試験、人材アセスメント、［昇進・昇格］昇進・昇格要件・審査、サクセッション・プラン
- 評価：成果評価、業績評価、コンピテンシー評価、能力評価、役割評価、

図表1-3　人材マネジメント・フローの７つの機能

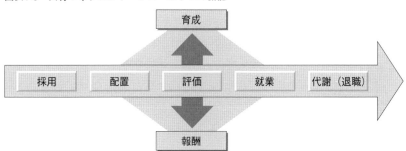

実績評価、態度評価、意欲評価、目標管理制度（MBO）、OKR（Objectives and Key Results）、360度フィードバック・サーベイ

- 報酬：［給与・報酬］職能給、役割給、職務給、諸手当、業績連動賞与、ピアボーナス、退職金、［福利厚生］カフェテリアプラン、育児・介護休暇
- 育成（人材育成・能力開発）：人材育成体系、職能別・階層別研修、キャリア研修、コーポレートユニバーシティ、OJT、Off-JT、e ラーニング、選択型研修、選抜型研修
- 就業（就業管理）：労働時間管理、裁量労働制、フレックスタイム制、変形労働時間制、交代制勤務、ダイバーシティ・マネジメント、ワーク・ライフ・バランス
- 代謝（退職）：定年制、役職定年制（ポストオフ）、雇用延長、定年制廃止、早期退職優遇制度、独立支援制度、高齢者雇用

人材開発は、これら人材マネジメント・フローのなかでも特に「育成」（人材育成・能力開発）に関する機能が主軸となりますが、「人を育てる」という行為は、全領域にわたるものと理解したほうがよいでしょう。

人事部門の担当としては、このような人材マネジメント・フローの７つの機能を意識した人事施策の立案とサービスの提供が求められます。そんなところから、人事部門の役割も変革が求められてきています。

❖「戦略パートナー」へのステップ・アップ

ミシガン大学ロス・ビジネススクール教授のデイビッド・ウルリッチが"Human Resource Champions"で指摘したように、人事部門は、確実に「戦略パートナー」（Strategic Partner）へのステップアップを果たしてきています（**図表1-4**）。今日、人事の統括責任者はCHRO（Chief Human Resource Officer；最高人事責任者）と呼ばれ、人材の価値を高め、当該企業の成長に寄与するあらゆる取り組みを担当するようになりました。また、経営者や事業責任者に対するビジネス上のパートナーとして、特に人と組織の側面からサポートし、事業成長を実現するプロフェッショナル人材はHRBP（Human Resource Business Partner；HRビジネスパートナー）と呼ばれ、組織のな

図表1-4　人事部門に求められる４つの役割

出所：デイビッド・ウルリッチ "*Human Resource Champions*" より作成

かでの存在意義を確立しています。

　人事が企業経営のなかで戦略パートナーたりうるかどうかの試金石は、管理部門の一部門意識から名実ともに脱皮して、どれだけ全社経営的な視点で自部門の仕事をとらえられるようになるか否かにかかっているといってよいでしょう。

　昨今の人事制度改革は、経営連動性や戦略実現性を兼ね備えたものでなければ、効力が減殺されることが明らかになってきました。そのなかで、人事部門の管理者や改革担当者は、いわばチェンジ・エージェント（変革推進者）やチェンジ・マスター（変革の達人）としての役割を果たさねばならなくなってきています。

　仕事の視点を経営レベルにまで高め、その視座から人事戦略や人材マネジメントを考える。自社の戦略を実現するための採用戦略とは何か、経営の好・不況の波に対応した柔軟な報酬戦略とは何か、全社や部門の業績とリンクした評価体系とは何か。矢継ぎ早に降りかかる新たな難問・課題に迅速に対応していく必要性が生じてきています。その際に重要なのが、経営レベルで部門横断的に影響力を行使しうる戦略パートナーとしての人事部門の姿なのです。

❖人事部門のミッション・シフト

　このような背景のもと、戦略パートナーとしての人事を機能させるうえで人事部門はおよそ4つの領域でのミッション・シフトが求められました。ここでいうミッションとは、「組織がステークホルダー（利害関係者）に対して担うべき使命」のことであり、各ステークホルダーのニーズが検討の出発点となります。

１．トップの戦略的意思決定を支援する

　まず、経営トップの戦略的意思決定を支援するミッションです。そのための人事インフラの整備であり、サクセッション・プラン（後継者育成計画）もこの範疇に入ります。

　具体的には、全社戦略や事業戦略にマッチした組織・人材ビジョンを構築し、人材マネジメントの基本戦略を立案する。そして、この基本戦略を実現しうる全社的なインフラやツールを提供する。これは、当該企業のコアとなる人事諸制度の整備ということになります。

　加えて、人口減少と超高齢社会の到来にともなう高齢者処遇や女性活躍推進、正社員・非正規社員といった雇用区分に基づく人材ポートフォリオの活用によって、人件費の適正管理や人的資源の再配分、健全な人材の代謝を促す仕組みづくりも人事の重要な仕事となっています。選抜型研修やコーポレートユニバーシティ（企業内大学）などを有効に活用した経営幹部の育成や戦略的ローテーションの実施もそのコンテンツに含まれます。

　組織品質の維持・向上という面では、定期的なES（社員満足度）調査やエンゲージメント・サーベイの実施、コンプライアンス（法令順守）や個人情報保護への意識喚起などもその領域となっています。

２．ラインの戦略実行と人材開発を支援する

　2番目のミッションは、各ライン（現場）における戦略実行とそのための人材開発を支援することです。

　各現場で、それぞれの戦略に基づく業務遂行がスムーズに行われるような環境整備に配慮することは、人事部門の重要な役割です。そのためには、定期的・通年的な採用活動の実施や昇格・昇進管理、部門内・部門間ローテーションの実施などを通じた必要人材の確保が優先されます。また、評価制度

や処遇・育成制度などを整備して、これら諸課題に対するサポート体制を構築しインフラを整備して、各現場における社員のパフォーマンス・マネジメントを支援します。

　戦略の実現のためには「実行」がともなわなければなりません。その主体は一人ひとりの社員です。この一人ひとりの社員が自分のミッション（期待役割）に対する実現の方向感をもたなければ、どんなに綺麗な戦略が描けても、結局それはただの「絵に描いた餅」にすぎません。これを支援する人材開発の仕組みづくりは、今後とも人事部門の重要なミッションとなります。

　一人ひとりの社員にやる気をもたせ、組織を活性化させていくためには、現場の問題点や課題に対する認識を共有させる必要が出てきます。昔ながらのQC（品質管理）活動が尊重されたり、GE（ゼネラル・エレクトリック）流のワークアウトがいまでも注目されたりする理由がここにあります。

３．社員の就業環境を整備する

　第3のミッションは、社員の就業環境を整備して、各社員がそれぞれの職場で働きやすい環境をつくるとともに、社員のエンプロイアビリティ（人材の市場価値）の向上を支援することです。

　就業環境の整備の中身は、社員が働きやすい環境に配慮することに尽きますが、それは、AIやIoT（モノのインターネット）を活用した執務環境等のインフラ整備に始まり、業務実態に対応した就業時間帯の設定、オフィス・レイアウトや室内気温の調節などの安全衛生に対する配慮、福利厚生などのフリンジ・ベネフィット（付加的給付）なども含まれます。

　福利厚生については、その費用対効果の観点から、これまでのような全社員一律「施し」型から脱皮して、カフェテリアプラン（選択型福利厚生制度）や福利厚生のアウトソーシングを活用する企業も増えています。この福利厚生の一環として重要視されてきているのが、外部人材市場でも通用するような市場価値ある人材の開発・育成です。実際、先進的なグローバル企業では、社員の市場価値を高める教育が福利厚生の重要プログラムの一つとなっています。

４．企業変革をドライブする

　これからの人事部門のあるべき姿を考えた場合に、おそらくそのメインに

図表1-5　人事機能の進化の方向性

企業変革推進主体としての人事の進化が問われている

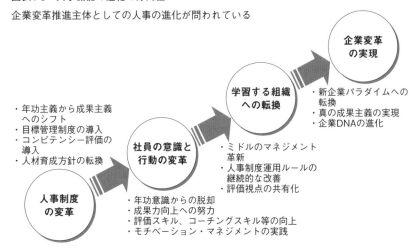

位置づけられるべきものが、企業変革を強力に推進していくミッションです。これからの人事は、自部門の将来的な進化型としてこの企業変革推進主体としての自覚と責任をもって業務にあたるべきでしょう。

　人事部門に進化の必要性を迫るものは、いうまでもなく折からの人事制度改革です。たとえば、目標管理制度の導入・普及により、社内の各現場における管理者のマネジメント能力と評価スキルの向上が求められるようになります。目標を適切に立てるためには、上司の目標展開スキルとそれを受けた部下の目標設定スキルが問われてきます。さらに、目標が適正に機能するためには、その前提として完成度の高い全社や各部門の経営計画や業務計画が存在している必要があります。

　また、目標が組織の上層から下層に向けて適切にブレークダウンされるためには、組織構造や組織運営自体のありようが問われてきます。新しい人事評価の基準は、新たな社員の意識変革や行動変革を促し、その新たな人事パラダイムに向けた人材開発の仕組みを整備する必要性も出てきます。

　このように、人事制度改革は組織改革、社員の意識改革、人材育成のための仕組み改革等、全社的な広がりをもって企業変革へとつながっていきます（**図表1-5**）。

❖「1 on 1 人事」の実現に向けて

　急速な業務のAI化とHRテック（テクノロジーの活用による人事業務の改善を行うソリューション群）化の動きにより、人事の役割については、さらに一段の進化が求められています。

　1 on 1 ミーティングの隆盛に代表されるように、これからは一人ひとりの社員に寄り添うような人事、いわば「1 on 1 人事」が必要とされるようになりました。そこでは、次のような役割機能をもった人事への進化・発展が求められています。

- 変革リーダー（1 on 1 人事への変革をリードする役割）：経営のパートナーとして、経営戦略や事業戦略の実現に向け人事戦略を方向づける。この際に、1 on 1 人事戦略をアジャイル（俊敏）に実行することが求められる

- 共感スペシャリスト（社員に向き合い語りかけ、エンゲージメントを高める役割）：常に社員に真摯に向き合い、魂を揺さぶる言葉をかけて共鳴・共感を引き出し、個々の社員の「やる気」を高める。そして方向性の異なる個人を会社と同じ方向に向かわせる

- 施策デザイナー（1 on 1 の人事施策をデザインする役割）：社員をよく観察し、エンゲージメント・サーベイなどから得られたデータの分析結果や、データアナリストたちとの議論を通じて、1 on 1 の人事施策を具体化する。ここでは、実際の運用視点（実現性・実効性）で考える能力が問われてくる

- データサイエンティスト（ピープル・アナリティクス（職場の人間科学）から得られたデータからパフォーマンス向上のカギをみつける役割）：ビッグデータなどを分析・活用し、人と組織のパフォーマンスに影響する要因仮説を導くとともに、各施策の効果検証を実施する

　まさにいま、時代が求める役割に向けて、人事部門のステップ・アップが問われているといえるのです。

【さらに学びを深めるための参考文献】
「世界人材競争力指数」（GTCI）2020年版、https://gtcistudy.com/#

リタ・マグレイス『競争優位の終焉』日本経済新聞出版、2014年

マイケル・A・オズボーン「雇用の未来」2013年、
　　https://www.oxfordmartin.ox.ac.uk/downloads/academic/The_Future_of_Employment.pdf

青野慶久『チームのことだけ、考えた。』ダイヤモンド社、2015年

David Ulrich, *Human Resource Champions*, 1996.（邦訳『MBAの人材戦略』日本能率協会マネジメ
　　ントセンター、1997年）

ベン・ウェイバー『職場の人間科学』早川書房、2014年

第2章
人材開発の「これまで」と「これから」

❖人材開発で人は育つのか

　ビジネススクールで著者が「人材開発」の講義を担当していた頃、受講生から出された素朴な質問に、「人は育つのか？　育てるのか？」というものがありました。なかなか本質を突いた質問と思われたので、しばしこのテーマで受講生たちと議論したことを覚えています。

　会社組織にいると、われわれは何の疑問ももたずに「人材開発」や「人材育成」という言葉を日常会話のなかで使用します。この場合、会社や上司が社員や部下に対して、何らかの働きかけを行って「開発する」「育てる」というニュアンスが強いと思います。しかし、よく考えてみると、確かに、会社や上司が働きかけをしなくとも、育つ社員は勝手に育ちます。

　部下の指導・育成があまりよくできていない上司が多いことが課題とされる会社のなかには、上司の目標管理の必須項目の一つに「人材育成」や「部下育成」を掲げさせて取り組ませるところすらあります。しかし、会社の人材育成の仕組みや提供する研修プログラムを活用せずとも、本人の自助努力で育つ社員は育つのです。

　この場合、部下育成を目標に掲げている上司は、本当に自分の目標が達成できたといえるのかという疑問も湧いてきます。上司本人の立場からすれば、「自分の指導が有効だったので部下が育った」と主張したいでしょう。しかし、部下に話を聞いてみると、「特に上司に何かしてもらった覚えはありません」といった答えが返ってくることもあります。

　この種の質問は、さながら「オープンエンド・クエスチョン」のように、一概に唯一絶対解が出てくるものではありません。したがって、さまざまなケースが考えられ、それらを想定した思考訓練を行うには適したテーマだと思います。「育つ」か「育たない」かという面で考えるなら、主体は部下本人、あるいは社員自身であり、会社は教育の機会や場を提供し、上司は部下

が自ら育つのを支援する役割を担っているといえます。

❖ 「人材開発」とは何か？

　それでは、「人材開発」とは、そもそもどんな意味合いで使用される言葉でしょうか？

　それは、たとえば「よりよい組織を創るために、当該人材のパフォーマンスを最大限に向上させていく行為」といえます。「人材育成」という言葉もあり、厳密にいうと違いがあるとする立場もありますが、実務的にはほとんど同義で使われている場合が多いと思われます。

「人材開発」は、"Human Resource Development"（HRD）と表現されますが、この"Development"に「開発」との訳をあてることに抵抗を感じる人もいるようです。なぜなら、Developmentは本来、「発達」「発展」「成長」との意味で、「個人の発達・成長を促す」というのが人材開発の本来的な役割だからです。これに対して、「組織開発」（Organization Development；OD）は、「よりよい組織を創るために、個人を超えてグループやグループ間、あるいは組織全体に働きかけていく行為」となります。チームメンバー間の連携を良くするために、チーム・ビルディングに取り組んだり、組織全体を良くするために、組織文化の変革に取り組んだりするような場合がこれにあたります。

　ちなみに、最近では「人材」ではなく、あえて「人財」という表現にこだわる会社も多くなりました。人材の「材」が素材を意味し、人は開発すべき資質や能力をもった素材であるというニュアンスがあります。一方、「人財」の場合には、「人は財（たから）」であり、「希少で貴重な経営資源」という意味合いを強く打ち出す場合に使用するケースが多いようです。ちなみに「人在」という表現（「ただそこにいる人」という意味）や、「人罪」（「いることが罪」といった意味合いをもつ）もあります。

　人が発達していくためには、その人自身が自らの発達・成長に取り組むことが大切です。行動変革が求められる場合でも、他人から「変われ」と言われただけでは、人はなかなか変われません。その人自身が変わろうとする意思があることが、人の発達・成長には必要となるのです。

❖人材開発を巡る昨今の環境変化

　今世紀に入り、すでに20年が経過したにもかかわらず、日本企業は、いまだ21世紀型経営パラダイムを模索し続ける途上にあるように思います。よく指摘されるように、成長経済を前提とした経営システムは限界に達し、グローバル化やIT化の進展によって、組織のダウンサイジング（規模の縮小）やフラット化、チーム主体の組織運営などが主流となりました。最近では、「ティール組織」「ホラクラシー組織」といった新たな組織形態の可能性も真摯に語られ始めています。

　変化する市場環境へのアジャイル（俊敏）な対応が求められ、年功序列型人事も限界に達し、予定調和型人材開発も終焉を迎えつつあります。史上稀にみる人口減少と超高齢社会の到来によって、恒常的な人材不足を前に、新卒採用を中心とした一企業純血主義は破綻し、これまでのような企業主導の職能別階層別研修も限界を迎えつつあります。社員も、自分のキャリアを自分のものとしてとらえる「キャリア権」的発想と、キャリア自律の必要に迫られています。

　人生100年時代には、「教育⇒仕事⇒引退」という単線型の「３ステージ・モデル」から「マルチステージ・モデル」へと移行し、２つ、３つのキャリアをもち、生涯を通じて再創造を繰り返すことで、人生の選択肢を広げていく生き方へとライフシフトする方向に向かっています。「リカレント教育」（学び直し）の必要性も指摘されるようになりました。

　これは、「他律・依存的」な人事管理から「自律・主体的」な人材マネジメントへのパラダイムシフトといえるもので、企業と個人の新たな関係の構築が求められ、雇用のニューディール（新しい約束）が必要となっています。それは、これまで会社に預けっぱなしだったキャリア形成主体を個人の側に取り戻す行為ということもできるでしょう。

❖多様性への理解と自律性の確保

　雇用・人事分野での法改正の動向が、これに拍車をかけています。たとえば、労働基準法や労働契約法、労働者派遣法や育児介護休業法など労働法制面での近年の改正動向は、社員の側に意識変革を迫るものであり、女性活躍

推進法や働き方改革関連法の成立も、ダイバーシティ・マネジメントに代表される「多様性への理解」を後押ししています。

　企業内の人事・処遇制度も、役職昇進を基軸とする単線型システム（モノステイタス・システム）が限界を露呈し、社員の多様化した意識や価値観に対応した柔軟な人材マネジメントが求められています。終身雇用と年功序列型賃金を前提として、高い給料をもらっているのに生産性が低い、いわゆる「働かないおじさん」問題がこの背景にあることも否めません。

　社員の「自律性」の確保が至上命題になってきているのです。そこでは、企業への隷属を離れた自主的・主体的な生き方の模索と、「自律型人材」育成のための新しい人事の仕組みが求められています。

❖他律から自律へ

　いま多くの人材にとって本当に足りないのは、「自分で考える力」です。「自律」の前に「自立」すらできていない大多数の社員がいることを真摯に受けとめる必要があります。ここでいう「自律」とは、他からの支配や助力を受けずに、自分の行動を自分で立てた規律に従い正しく規制することです。一方、「自立」は、他の助けや支配なしに自分一人だけの力で物事を行うことを意味します。平たくいえば、自分を律して正しく行動が取れる以前に、自分の足で立って独力で歩くことすらできない社員を、これまでの人材開発の仕組みのなかで大量生産してきてしまったのです。

　たとえば、目標管理の仕組みに基づき自分の目標を立てろといわれても、自分のおかれた立場や責任と権限の範囲を自覚して、適正な目標設定ができる社員のいかに少ないことか。大幅な権限委譲（エンパワーメント）が人を育てるといわれても、あからさまに責任を回避する社員のいかに多いことか。

　一時期もてはやされた「自由と自己責任」も、人事の規制緩和と既成概念からの脱皮には奏功したものの、一方で矮小な個人主義や自己中心主義が台頭して、組織に混乱を来したケースもありました。そんなところから、「規範・品性・礼節」と「相互尊重」を重視する組織改革に着手した企業もあったほどです。一方、近年では、NETFLIXのように、「自由と責任の規律」を組織文化として掲げ成功している企業も出てきています（パティ・マッ

コード『NETFLIXの最強人事戦略』光文社)。

　めざすべき理想は、成熟した「個」の活躍する社会です。そこでは、主体は個人であり、会社はあくまでもサポート役に徹します。しかし、それほど単純ではなく、道のりはまだまだ険しいというのが現実です。

❖人材開発の「これまで」と「これから」

　このような人材開発の流れを整理すると、**図表2-1**のようになります。

　これまでの日本企業の特徴として新卒大量一括採用で人を採用し、入社後に自社の流儀で人材を育て上げていくというスタイルでした。全社員一律処遇のため同質のマネジメントを前提とし、「３年３場所」などといわれたように、定期異動によって「何でもそこそこできる」ゼネラリスト人材を育成してきました。そこでは、実務能力に加え管理能力に重きがおかれ、社内教育や研修形態は職能別階層別研修を中心とする、役職昇進を前提とした単線型の人事処遇(モノステイタス・システム)が主流でした。企業で働く社員は「非選択的雇用安定」、つまり人事や処遇の選択権を会社に委ねる代わりに社員としての雇用の安定を確保するという世界でした。

　しかしこれからは、すでにその潮流が表われているように、新卒採用を行いつつも通年・無差別採用を実施して、必要な人材を都度、外部人材市場から採用するスタイルに変わります。社内人材もダイバーシティに代表されるように、異質のマネジメントが求められてきています。社員教育も、職能別

図表2-1　人材開発の「これまで」と「これから」

「他律・画一的」な人事管理から「自律・個別的」な人材マネジメントへ

これまで		これから
• 新卒大量一括採用 • 同質のマネジメント • 全社員一律処遇 • ゼネラリスト人材育成 • 実務＋管理能力中心 • 職能別階層別研修 • 単線型人事システム 　(モノステイタス・システム) • 非選択的雇用安定		• 通年／無差別採用 • 異質のマネジメント • 選抜／選別／選択 • プロフェッショナル人材育成 • 実務＋専門能力重視 • 選抜研修／選択型研修 (カフェテリア研修) • 複線型人事システム 　(デュアル／マルチ・ラダー) 　－処遇・賃金・退職金・福利厚生 • 自己選択型人事システム

階層別研修の形態を残しつつも、企業側は一定のタイミングで人材を選抜、選別し、社員の側も自己のキャリア志向性に応じて主体的に選択する研修形態とのミックスで運用されるようになります。そこでは、何でもそこそこできる人材に競争優位性はなく、組織のなかでおかれた立場や責任と権限の範囲のなかで、誰もが一定のプロフェッショナル人材をめざすことが求められます。実務能力に加え専門能力を重視する時代の到来です。

AIやRPA（Robotic Process Automation；ロボットの活用による業務の自動化）が業務を代替する時代には、仕事における自己の専門性を真摯に考える必要性も求められてくるでしょう。また、企業がさらに発展を続けていくためには、新たな発想で新しい事業を起こし、ビジネスモデルを考案し、新しい商品やサービスを開発・提供していけるようなイノベーション人材の育成も急務です。人事処遇の軸も複線型人事が主流となり、自分自身の処遇をある一定のタイミングで自らが選び取っていく自己選択型人事の形態も増えてきています。

図表2-2　複線型人事処遇体系の一例

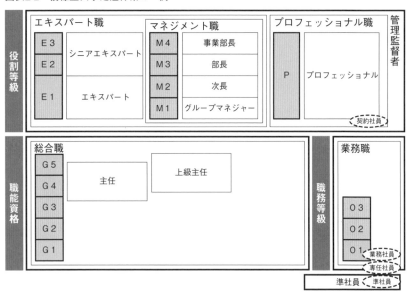

実際、処遇軸を単線型から複線型へ移行させる変更は、多くの企業で進められています。個々人は一定のタイミングで複数の「キャリア・ラダー」から選択し、それぞれの役割を認識し、それぞれのミッションに対応した業務遂行を果たしていくことになります（**図表2-2**）。そこでは、必要に応じて、各職務領域における意識改革研修なども同時並行的に実施することも求められてきます。

❖人材ポートフォリオ／雇用ポートフォリオ

　社内における人材もさまざまなカテゴリーで語られる時代となってきました。たとえば、**図表2-3**のように、利益貢献へのあり方と必要スキルのタイプの2軸で整理して、人材のタイプをゼネラリスト人材、スペシャリスト人材、プロフェッショナル人材、起業家人材の4タイプに分類する人材ポートフォリオを構築する企業も増えてきています。

　また、事業の多角化やM&Aの推進などにともない、多様化する就労形態について雇用ポートフォリオを構築する企業もあります。**図表2-4**のよう

図表2-3　人材ポートフォリオの一例

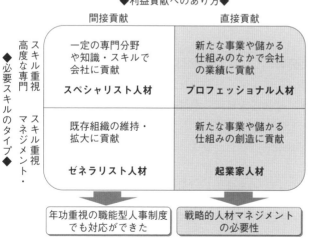

出所：高橋俊介『人材マネジメント革命』（プレジデント社）に加筆

図表2-4 雇用ポートフォリオの一例

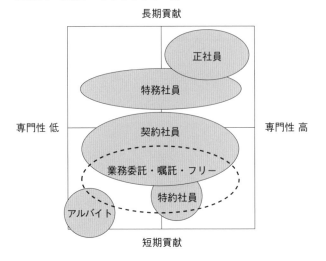

に、組織貢献の期間に着目して、縦軸に定常的に貢献していく雇用形態を「長期貢献」、ある短期的・一時的業務を通じて貢献する雇用形態を「短期貢献」として類別、横軸は、従事する業務の専門性に着目し、「専門性高」と「専門性低」で類別して、そこに自社内に存在する雇用形態をマッピングし、それぞれの雇用条件を整理している企業もあります。

❖求める人材像を明確にし、人材開発体系を構築する

人材開発制度の構築に着手するにあたり、あるいは人事制度改革に着手する前提として、まず「求める人材像」を議論する企業が増えています。

たとえばアミューズメント関連A社では、それを「当社の経営理念、ビジョン、および行動規範を共有し、会社と共に成長する人材を求める」としました。そして、この「求める人材像」には、次の4つの要件が必要と定めたのです。そして、この4つが結集して、会社の「成長」につながると位置づけました。

1. 求める人材像

－創造性：わたしたちは、顧客に新しい価値を提供し続けなければなりま

せん。既存の枠を超える発想とそれを実現する行動力で、未来を切り拓きましょう
- チャレンジ精神：少し背伸びをすれば新しい景色が見えてきます。新しい景色は好奇心を駆り立たせ、この好奇心がチャレンジする意気込みにつながります。失敗を恐れず、常に前進することを考えましょう
- 社会の一員としての自覚：豊かな社会の実現と顧客からの信頼が、仕事に喜びをもたらします。社会の構成員として法令を遵守し、また、株主利益や顧客満足を考えて、日々の仕事に取り組みましょう
- チームワークを重視する姿勢："One for all, All for one"（一人はみんなのために、みんなは一人のために）。一人ひとりが自分の責任を果たし、みんなで協力してともに成長していきましょう

２．人材開発の視点

次に、人材開発は、「求める人材像」を育成するための一連の仕組みであり、次の３つの視点（３つの「Ｃ」）から構築されると定義しました。
- Concept（経営理念、ビジョン）の共有
- Competency（成果を上げるために発揮すべき能力）の向上・開発
- Career（職務経験、生涯計画）の開発

人材開発の基盤は、これら３つの視点に関する社員の「自己研鑽」と「自律」にあるとしました。そして会社は、これら３つの視点から社員を育成し、その成長を支援することが必要としたのです。

３．人材開発体系

人材開発は、研修やOJT（On the Job Training；職場トレーニング）だけでなく、キャリア開発支援のための面談や、評価制度、報酬制度などの人事諸制度とも密接に関連しています。A社では、このあたりを次のように整理しています。
- 「必須研修」「OJT」「自己啓発」を通じて、社員の能力が開発される
- 社員の能力向上に応じて、新しい職務が与えられる
- 能力開発や職務拡大は、人事評価によって昇格や半期年俸等の処遇に反映される
- 昇格の節目に必須研修や人事面談が行われ、一層の能力開発やキャリア

図表2-5　人材開発体系の一例

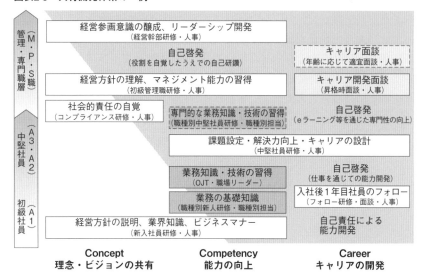

開発をはかる

　このような一連の仕組みが機能することによって、先に示した「3C」（Conceptの共有、Competencyの向上、Careerの開発）が効果的に実現されるのです。

　同社では、このような考えに基づき、**図表2-5**のような人材開発の体系図を完成させました。

❖一律型社員研修の功罪

　従来の一律型の職能別階層別研修は、終身雇用を前提として予定調和的に設計された昇格・昇進システムのなかでは、一定の役割を果たしてきました。しかし、一方で、横並び的・金太郎飴的多くの社員の輩出を許してきたという側面があることも否めません。これは、自己のキャリア適性に応じた職業人生を考えたいとする者が主流を占める、いまの時代には合わなくなってきているということです。選抜型研修や自己選択型研修（カフェテリア研修）などが一般化してきている昨今、見直しが必要となっています。

「ファーム・スペシフィック・スキル」（当該企業のなかでのみ通用するスキル）から、「ポータブル・スキル」や「トランスファラブル・スキル」（会社や業種・業界、地域などを超えて、移動してもどこでも必ず活用できる汎用性の高いスキル）重視へといったトレンドも見過ごせません。次代を担う「価値ある人材」の育成のための研修体系の見直しや、「経験学習」重視のトレンドも指摘されてきています。

　企業の将来価値を高める「タレント・マネジメント」への転換が必要とされる大きな背景的要因といえるでしょう。

【さらに学びを深めるための参考文献】
フレデリック・ラルー『ティール組織』英治出版、2018年
ピーター・キャペリ『雇用の未来』日本経済新聞出版、2001年
柴田昌治『考え抜く社員を増やせ！』日本経済新聞出版、2009年
パティ・マッコード『NETFLIXの最強人事戦略』光文社、2018年
高橋俊介『人材マネジメント革命』プレジデント社、1994年

第3章
人材開発の基本はOJTとOff-JT

❖職場トレーニングの3つの柱

職場における人材開発の基本とは何でしょうか。一般的には、次の3つに集約されます。

1．OJT（On the Job Training）

日本企業では、OJTは長らく職場教育の基本であり、実際の職場において業務を通じて行うトレーニングを意味します。上司や先輩社員が部下・後輩の職務遂行能力の向上のために、能力開発の目標レベルとその到達点を定め、実務に即して定期的・継続的・計画的に実施する人材育成方法の一つといえます。

その最たるものが「技の伝承」であり、仕事を通じてしか身につけられないものを、組織の上下間において教え伝えていくスタイルで、職場教育の王道といっても過言ではありません。

2．Off-JT（Off the Job Training）

これに対してOff-JTは、職場や仕事を離れて、外部の講演、講座、セミナー、研究会、見学会などに参加し、OJTでは得られない外部の情報や人間に触れ、視野を広くするために行います。社内にリソースがない新しい知識やスキルを外部から取り入れるために実施されるものです。講師が行う授業形式の集合研修が主流ですが、体系的な知識や長期的なビジョンをインストールすることに向いている方法といえます。

新型コロナ対応を余儀なくされてからは、オンライン・セミナーやオンライン研修も一般化されてきています。

3．SD（Self Development；自己啓発）

上記2つ以外に、能力を自主的・主体的な努力と挑戦意欲をもって開発するすべての活動をSD（自己啓発）といいます。いまこの時点ですぐに必要な知識やスキルではないものの、長期的な人材開発の観点から望ましいと判

断されるものが自己啓発の対象でした。本人の意思で自分自身の能力開発に努め、精神的な成長をめざすために行うトレーニングです。自己啓発は、特に能力開発や自己実現などのテーマにおいて扱われ、「よりよい自分」「より大きな成功」を実現するために行われます。

❖OJTの意義

　職場におけるOJTでは、仕事が人を育てるとの考え方に基づいて、育成につながるよう仕事の与え方を工夫します。上司（管理者）によるマネジメント活動のすべてがいわばOJTであり、育成的なマネジメントの実践あるのみとも考えられてきました。また、職場風土それ自体が人を育てるとのスタンスのもと、育成的な職場風土をつくることが重視されてきました。昔からいわれるように、部下は上司の後ろ姿に学ぶところも確かにあります。したがって、上司は育成者にふさわしい「範を示す」ことが求められてきました。

　実際の職場で実践されるOJTは、意図的かつ計画的、継続的な指導・援助活動を、日常の業務レベルで、「PDCA」のマネジメント・サイクルを回しながら行われることになります（図表3-1）。

　OJTの重要な要素を5W1Hで整理すると、次のようになります。

- Where：職場で
- When：業務を通じて
- Who：上司・先輩が
- Whom：部下・後輩に
- What：部下・後輩本人やメンバーの能力開発ポイントを見出し
- How：それに対する効果的な能力開発手法を駆使して、意図的・計画的・継続的に実施する活動

　効果的なOJTを行うことで、企業とすれば、即戦力人材の育成に役立てたり、社員のタレント（資質・能力）を開発したり、経験学習を通じた実践力の開発・向上に役立てます。

　昨今の技術革新のスピードは速く、価値観の多様化も進んでいます。このような環境変化に即応し、自社独自の業務内容を習得し、パフォーマンスの向上に寄与しうる人材を早期に育成するための方法論を確立することは、企

図表3-1 PDCAのマネジメント・サイクルを回す

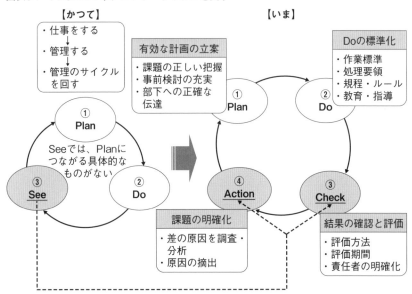

業にとっても急務といえます。また、社員一人ひとりのタレントを的確に把握し、それに基づく全社レベルでの人材ポートフォリオを確立することは、戦略人事を推進するうえで重要性を増してきています。さらに、かつて組織行動学者デイビッド・A・コルブが提唱した「経験学習モデル」(**図表3-2**)に即して、「経験」⇒「省察」⇒「概念化」⇒「実践」のサイクルを回しOJTを実施することで、当該人材の自発的な意思に基づく実践力の向上と成長の実現が期待できるのです。

❖効果的な個別指導4つのポイント

　OJTに基づく効果的な個別指導を行ううえでは、次の4つが重要なポイントとなります。

1．適材適所への配置

　部下の長所・短所をよく知り、適材適所への配置や適切な業務配分に留意します。

図表3-2　コルブの経験学習モデル

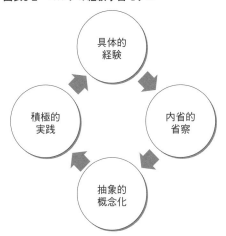

出所：D.A.Kolb, *"Experimental Learning : Experience as the source of learning and development"*（1984）より作成

2．語り合える「場づくり」

　日頃から部下の興味・関心・要望をよく把握し、話し合う機会を多くつくり、相互理解に努めます。

3．タイムリーな指導と動機づけ

　タイムリーな指導と動機づけのためには以下の機会をとらえて指導します。
- 重要な仕事に就くとき
- 決裁文書をみたとき
- ミスやトラブルの発生時
- 方針、計画、規則などの変更・改正時
- 部下が質問してきたとき

4．段階的な指導

　具体的な指導にあたっては、部下の状況をよく確認して、次のように段階的に指導することを心がけます。
- 部下の理解と成長の状況をみて、ステップを踏む
- 一度に多くを求めず、計画的にポイントを絞る
- 柔軟で確実な方法を選ぶ

ここでは、「教えてやる」式の堅苦しい指導や説教、精神論は禁物です。

❖OJTの期待成果と限界

　日常の職場における部下への仕事の与え方や仕事のやり取り、結果の正しい評価、部下との接触の仕方そのものがOJTとなります。このようなところから、OJTの期待成果としては、次のような点があげられます。

● 一人ひとりの知識水準・技能に応じた個別の指導ができる

● 時間的・場所的な制約を受けず、納得いくまで反復継続して指導できる

● 指導する者自身も、教えることにより能力開発ができる

● 日常の自然な機会と場でできないことや不足していることでも、個人面談・指導など意図的な機会と場を設けて行うことができる

　OJTの効果的な実践やOff-JTとの併用が実際に効果を上げているとする調査結果（厚生労働省「平成28年版　労働経済の分析」）もあります。

　図表3-3は、横軸をOJT、縦軸をOff-JTの実施割合とし、業種別企業規模別にバブル・チャートの大きさで労働生産性を示しています。いずれの場合も、OJTおよびOff-JTの実施割合が多い群は、相対的に労働生産性の水準も高いことがわかります。

　同報告書のなかでは、能力開発費の増加は労働生産性の上昇に有効であり、企業が能力開発に取り組む場合、OJTの実施とOff-JTの実施の両方を行うことが労働生産性の上昇の観点から重要であるとコメントしています。また、これらのほかにも、付加価値の向上など企業方針に合わせて主体的に労働者の能力開発を推進することや、企業が社員の自己啓発に対し積極的に支援を行うことも、労働生産性の向上には効果的であると論じています。

　一方、OJTの限界についても、きちんと理解しておく必要があるでしょう。たとえば、次のような点がOJTの限界としてあげられます。

● OJTは、時として断片的な教育となり、体系的に仕事を覚えるには無理がある

● 上司も知らない新しい知識や技能に関する習得はできない

● 上司の能力レベルやOJTへの理解、職場環境によるバラつきが生じ、全社統一レベルの教育となりえない場合もある

　上司にとって、部下を育てることの意味を真剣に考え、実践に移していくことの重要性がわかります。

図表3-3　OJT、Off-JTと労働生産性の関係（正社員）

OJT、Off‐JTともに、 実施割合が高いところほど労働生産性が高い傾向がみられる

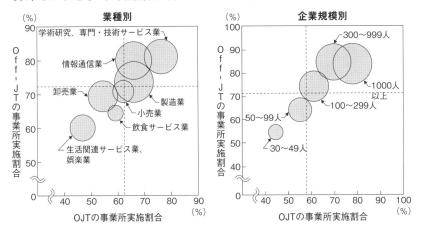

注：1）各図のバブルの大きさは、他業種との相対的な労働生産性の大きさを示したもの
　　2）各図の破線は、産業計の数値
　　3）2014年度の数値、事業所調査
資料：経済産業省「企業活動基本調査」（調査票情報を厚生労働省労働政策担当参事官室にて独自集
　　　計）、厚生労働省「能力開発基本調査」をもとに厚生労働省労働政策担当参事官室にて作成
出所：厚生労働省「平成28年版 労働経済の分析」第2章3節より引用

❖OJTの基本は人事評価にあり

　人事評価の本質は、処遇を決めるための「査定ツール」ではなく、人材を育成し、意欲喚起するための「OJTツール」であると著者は考えています。これに対して、「人事評価で人は育つのか」と思われるかもしれません。

　もちろん、評価結果の報酬（基本給、賞与、インセンティブなど）への反映や、昇格や異動・配置を通じた人材の適正配置と有効活用の実現も、人事評価の重要な目的です。しかし最近では、人事評価の結果から個人の強み・弱みを明らかにして、育成・成長を促す。会社にとっては、人材育成がもっとも重要と考える企業が増えてきました。そんなところから、従来の「評価制度」という表現ではなく、あえて「評価育成制度」と呼んだり、「育成」を強調するために、「パフォーマンス・マネジメント」ではなく、「パフォーマンス・ディベロップメント」と呼んだりする企業も現われています。

図表3-4　評価制度と連動させた人材開発の一例

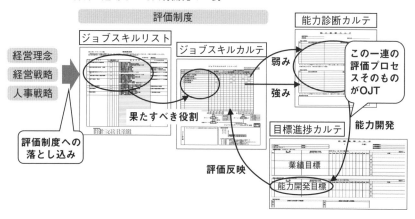

　図表3-4は、企業の理念や戦略から導かれる評価基準を評価制度に落とし込み、職務遂行上求められる知識やスキルをリスト化して一覧表にまとめ、自己の強み・弱みを「見える化」して、それを目標管理と連動させ、実際の目標管理制度のなかで業績目標とともに能力開発計画を目標に含め、その進捗管理を実施することでOJTを実践する方法を示すものです。

❖その他のOJTの種類と展開方法
　上記以外にもさまざまなOJTがあり、次のような展開方法があります。
- ●ミーティング：仕事上の打合せや意思疎通、情報交換、心のふれあいなどのために実施
- ●課題討議：一定の課題を与えて、これをグループで討議させ、結論を出させる。リーダーを決め、上司は助言を行う
- ●職務交代：一定期間で職務を交代させる。仕事のマンネリ防止と仕事の幅を広く・深くさせ、職務に弾力性をもたせる
- ●職務代行：他の者の職務または上司の職務の一部を部下が代行する。代行者の育成をはかるとともに、部下の職務知識・技能のレベルアップと責任感をもたせる
- ●ペア・システム：新人とベテランを組み合わせて、一緒に仕事をさせる

●個別指導：日常の業務を通して、計画的・継続的・実践的に人材育成システムと連動させて行う

●指示・助言：仕事上の問題点を的確にとらえて、指導・指示・助言する。一方的な指示に終わらず、部下自らが考え、行動するよう励ます

部下に対してOJTを実施するタイミングも重要な要素です。たとえば、次のようなタイミングでOJTを実施すると効果的です。

1．仕事の指示をするとき

- 新人や転入者を受け入れ、仕事を与えるとき
- 新規の仕事、重要な仕事、困難な仕事に取り組むとき
- 職務代行や補佐をさせたいとき
- 重要な任務や課題を与えるとき
- 所属部署内で職務の横断的互換性をもたせたいとき

2．仕事の進行過程で

- 担当業務の変更、事務手続き・業務処理の変更のとき
- 法規、規則、方針、取り決めの改正・変更のとき
- 新しい機械や器具、用具の導入のとき
- 仕事上のミス、トラブル、ムリ・ムダ・ムラが発生したとき
- 報告書や起案文などの内容が意味不明なとき
- 部下が質問してきたとき
- 仕事に対する意欲に欠き、不熱心で創意が乏しいとき

3．仕事が終わったとき

- 部下が仕事の報告をしてきたとき
- 仕事が一段落したとき
- 一定の成果が上がったとき
- 決めたことが実行されなかったとき
- 仕事が失敗に終わったとき

❖職務交代によるトレーニング

職務を交代させて本人の資質・適性をチェックし、トレーニングするのも効果的な方法です。職務交代のポイントとしては、次のような点があげられ

ます。
- 本人の「自己申告書」や本人の希望、性格、適性から判断する
- 人事評価と直属上司の意向を取り入れて、適材適所へ配置する
- 一般的には3年前後を目処に、本人の職務経験に応じて、異なる職種や職務へ配置する。また、プロジェクト・チームや関連会社、海外などへ派遣する

　職務の特殊化・単純化による不満解消や職場活性化の目的で、「職務拡大」と「職務充実」が職務交代において適宜はかられるようになってきています。ここでいう「職務拡大」と「職務充実」には、次のような違いがあります。

１．職務拡大（Job enlargement）
　　- 仕事の幅と量を拡大する
　　- 細分化した仕事を自己完結型の作業単位にまとめて与える
　　- 成果責任（アカウンタビリティ）を明確化し仕事を意義あるものとする
　　- アイディアや創意が活かせる仕事を拡大する

２．職務充実（Job enrichment）
　　- 計画や企画立案など質の高い職務を与える
　　- チーム組織を活用し目標、手段、方法、日程、業績評価の決定を任せる
　　- 創造力や責任を必要とする仕事を与える

❖ 3 職主義による育成法
　職務開発に関しては、次のような育成法もあります。
- 職務交代法：定期的に持ち場、職務分担を変える。これにより、慣れによるマンネリ、単調さからくる欲求不満を解消し、刺激と緊張感を与える
- 職務転換法：いくつかの職務を経験させて多機能化をはかり、職場において横断的互換性をもたせる。これにより、他の忙しい部門・部署への配置が容易になる
- 職務育成法：知識・技能などの開発を目的として職務交代を行う

　OJTによる部下のトレーニングを実施する場合には、上司は、次のようなポイントに基づいて自己評価を常に厳しく行ってみるのもよいでしょう。
　　- 部下の気持ちをよく理解しているか？

- 部下を正しくマネジメントしているか？
- 部下のやる気を高めているか？
- 部下への指示の出し方は適切か？
- 部下に対して報告の重要性を認識させているか？
- 部下の考えを尊重しているか？

❖管理者に求められる必須スキル

1．モチベーション・マネジメント

昨今の経営環境においては、管理者は従来にも増して部下のモチベーションを高め、自ら積極的に問題発見・解決をはかる姿勢を引き出すことが重要となっています。モチベーションを高め目標達成に部下を向かわせるためのポイントは、たとえば**図表3-5**の「期待理論」（Expectancy Theory）などのモチベーション理論に対する一定の理解が必要です。

図表3-5　モチベーション・マネジメントの一例

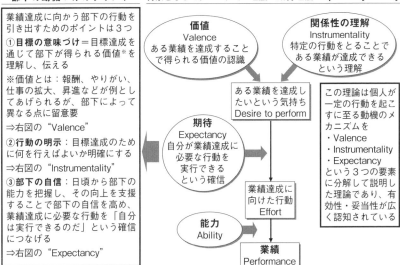

出所：John A. Wagner Ⅲ & John R. Hollenbeck, "Organizational Behavior" より作成

OJTを実践していくうえでも、これらの理解は必須です。モチベーション・マネジメントについては、第9章（116頁）であらためて取り上げます。

2．コーチング・スキル

自律型社員の育成やモチベーション・マネジメントに有効な技法として、「コーチング」はいまや管理者の必須スキルとなっています。コーチングは、「部下が最大限の成果を上げるため自らの能力を引き出し、行動を起こすことを助ける理論的なコミュニケーション・スキル」であり、日々のOJTを実践するなかで、定期的・継続的に磨いていくべき重要スキルといえます（**図表3-6**）。コーチングについては、第6章（77頁）で取り上げます。

❖「0から1を生み出す人」と「1から10をつくる人」

「0から1を生み出す」（ゼロ・トゥ・ワン）という表現があります。意味するところは、これまでまったく存在していなかったものを新たに生み出すこと、あるいは、ゼロベースから新たな事業を立ち上げたりビジネスモデルを発案したりすることです。これに対して、いまある事業やビジネスモデルに即して、その延長線上にそれをさらに成長させるのが、「1から10をつくる」（ワン・トゥ・テン）です。

図表3-6　コーチングの基本

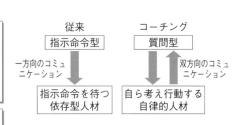

コーチングの特徴
「答えは相手のなかにある」を理論の出発点に、従来型の「教える」マネジメントスタイルから「答えを引き出す」スタイルへパラダイムを転換することに最大の特徴がある

コーチングで用いられる技法
①GROW理論による質問ステップ ―この理論に従ったステップで質問を行うことにより効果的な気づきと自己認識を促す ②質問技法 ―コーチングでは相手の気づきを効果的に得るためにさまざまな質問技法を用いる 例：質問、傾聴、共感、承認、など

GROW理論による質問ステップ

ステップ	定義
Goal	めざすゴールを明確にする
Reality	目標と現実のギャップを認識する
Resource	目標達成の手段を発見・開拓する
Option	あらゆる選択肢を追求し選択する
Will	行動計画・やる気を確認する

1から10をつくる場合には、これまでの蓄積や積み上げのうえに事業拡大やビジネスモデルを発展させる力が必要とされます。これに対して、0から1を生み出す場合には、前人未到の領域に対して新たな発想で取り組む力が求められてきます。

　「DX」（デジタル・トランスフォーメーション）に代表されるように、日々の業務を取り巻く環境が劇的に変化していくなかで、これまでのようなOJTが機能しなくなってきたともいわれています。まったく新しい仕事に直面した際に、そばにいる上司や先輩のこれまでの知識や経験の蓄積から指導・アドバイスを受けることには限界がきています。むしろいまは、直面する課題・問題に対してゼロベースで対峙し、これまでの常識にとらわれない発想で解決策を導き出すことが必要です。「1から10をつくる人」より「0から1を生み出す人」を育てる力が求められるのです。

　現下においては、常に新しい分野・領域の知識やスキルを短期間で自分のものとし、当面する課題の本質を素早く見抜いて、組織内外のネットワークも駆使しながら解決に取り組む具体的な行動が問われます。経験や年齢にかかわりなく、0から1を生み出すような仕事を意図的に与えていくことが、いまどきの人材開発に寄与することとなります。

　このような時代には、組織にとっての正解や「正しい知識」を伝授する従来型の「学習転移モデル」ではなく、個人と組織、学習と仕事が渾然一体となって大いなる「学び」が促進される「実践コミュニティ」（コミュニティ・オブ・プラクティス）型の学習が有効です。その意味で、現場における人材開発ニーズは高まっているといえるでしょう。しかしその一方で、それに応えうる現場レベルの人材開発力がともなってきていないという、悩ましい課題を抱えているのもまた事実です。

【さらに学びを深めるための参考文献】
博報堂大学（編）『「自分ごと」だと人は育つ』日本経済新聞出版、2014年
梅田悟司『「言葉にできる」は武器になる。』日本経済新聞出版、2016年
ピーター・ティール『ZERO to ONE』NHK出版、2014年
六本木未来大学（編）『0→1（ゼロトゥワン）を生み出す発想の極意』日本経済新聞出版、2018年
六本木未来大学（編）『1→10（ワントゥテン）に広げる企画の極意』日本経済新聞出版、2018年
エティエンヌ・ウェンガーほか『コミュニティ・オブ・プラクティス』翔泳社、2002年

第4章
戦略的人材マネジメントと人材開発

❖いま、あらためて「戦略人事」

　最近、「戦略人事」という言葉をよく耳にするようになりました。戦略人事とは「戦略的人材マネジメント」(Strategic Human Resource Management)の略語で、第1章でも取り上げているように、企業の経営戦略や経営計画の実現と人材マネジメントを関連づける人事のあり方のことです（**図表1-1**、13頁参照）。すでに1980年代には登場していた考え方ですが、日本企業で本格的な取り組みが開始されたのは2000年代以降であり、これまでの人事部門には希薄であった視点をともなう考え方として注目を集めています。

　戦略人事は、企業の経営戦略や事業戦略を人事がその職務領域において意味解釈し、企業が事業展開していく際に競合他社との差別化や競争優位性を人事面から構築するものといえます。自ずと、人事部門は、事業戦略の達成をサポートする「戦略パートナー」としての進化が求められ、人事施策は事業戦略と密接に結びつき経営戦略の一部を構成するものとなります。事業戦略をサポートするには、人事の諸機能（採用、配置、評価、育成、等の人材マネジメント・フロー）は必然的に統合され、タレント・マネジメント的な運用が必要となってきます。

　人事機能は、3つのレイヤー（階層）から構成されることになります。その底辺をなす「オペレーション人事」の領域においては、日常的・ルーティン的な人事が行われ、そこでは、定期的・定常的な業務処理とトラブル対応などが主な業務となります。次のレイヤーは、いわゆる「インフラ人事」であり、現状業務を維持していくための制度的インフラの整備や運用が主業務となります。「戦略人事」はその頂点に位置づけられ、競合他社との差別化や当該企業の競争優位を確立するための戦略施策の構築などが主たる業務です。事業やビジネスに対するより高度な理解が求められてくることは、いうまでもありません。

❖企業理念を核に戦略と業績にリンクさせる

　戦略人事を実践していくためには、たとえば図表4-1のように、経営戦略や経営計画の実現に資するシステムとして人材マネジメントを再定義する必要が出てきます。この場合、企業理念やビジョンを核として、自社を取り巻く外部環境と自社固有の内部環境とを十分に分析・理解・認識したうえで、全社経営戦略実現のための事業戦略と業績評価、そして人事・報酬システムとが密接不可分にリンクし、機能することが前提となります。

　明確な企業理念に基づき、自社の社内・外環境を適切に把握した事業戦略がなければ、事業計画に基づく部門別・個人別業績評価指標の設定は困難であり、社員が公正な処遇を受けるためには、企業として価値をおく業績評価指標が社員の間で共有されていなければなりません。また、経営戦略や経営計画から導かれる部門や個人のミッション達成のための仕組みか否かが重要視され、戦略の実現と企業業績の向上に資する人事・報酬システムが求められます。この場合、多くの企業で導入されている目標管理制度は、戦略や計

図表4-1　企業理念を核に戦略と業績にリンクさせる

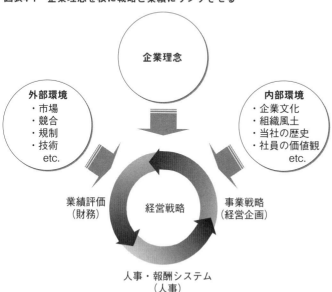

画の実現に寄与する人材の処遇を決定するマネジメント・ツールの位置づけとなります。

　こうして、新たな人材マネジメントの仕組みに求められてくるものは、結果における「平等」ではなく、そのプロセスおよび結果に対する「公正性」の確保です。いきおい、仕組み自体の「オープン化」が必須項目となってきます。

　このような一連のシステムとしての人材マネジメントの仕組みを考えてみると、これは単に人事担当部門の管轄だけでは済まないことに気づきます。全社戦略や事業戦略に関しては、一般的には経営企画部マターであり、業績評価については、管理会計的要素が介在するため財務部の関与が必要となります。つまり人材マネジメントの制度や仕組みの管理・運用元は人事部としても、必要な局面においては、適時・適切に経営企画部や財務部との協力が不可欠です。この三位一体の運用により、人材マネジメントの仕組みは、維持・メンテされていくべきものとなってきています。

　そこで最近、戦略人事を実践していくうえで、新たに重要な役割を担うポジションにスポットライトが当てられるようになりました。

❖ 「CHRO」の存在

　近年、「CxO」（最高○○責任者）という表現がよく使われるようになりました。CEO（Chief Executive Officer；最高経営責任者）やCFO（Chief Financial Officer；最高財務責任者）はよく目にしますが、最近は「CHRO」（Chief Human Resource Officer；最高人事責任者）もよく聞かれます。企業の人材マネジメントに関する決定権・執行権をもつ役職です。戦略人事の推進は人事部門の最高責任者の仕事となります。これまでの日本企業では、「取締役人事部長」「執行役員人事部長」などの肩書きのほうがポピュラーでしたが、最近では、日立製作所やNEC、メルカリや日本板硝子ほかの企業で、CHROを用いる例が増えています。

　それでは、CHROの役割や機能とは、どのようなものでしょうか。

1．人事のプロフェッショナル

　まず、戦略人事は人事部門の最高責任者の仕事という意味では、CHROは

人事のプロフェッショナル（HRプロフェッショナル）でなければなりません。経営層と企業理念や経営課題、経営目標などを共有し、人材マネジメントとの関係性においてこれを理解し、現場のビジネスリーダーや社員とも現在直面している人材面での課題についてその対応を検討するなど、経営的視点から対応すべき業務の幅は広範囲に及びます。人事の分野に関して幅広い専門知識と経験、スキルを保有するプロフェッショナルであることは最低条件となります。

２．経営戦略や事業戦略への造詣が深い

　CHROには、人事部門の専門的知識だけでなく、経営戦略や事業戦略についての深い理解も必要です。

　実際にCHROが担っている具体的業務には、

- CEOとCFOとの三頭体制（G3）を構築し、企業価値の向上につながる人材戦略を立案・提示
- ビジネスリーダーの良き理解者として、事業戦略に沿った人材戦略を立案・実施
- 人材戦略に即した採用や人材育成計画の立案・実行
- 事業部門の社員たちの良き相談役

などがあります。

　一方、CHROが各事業部門の戦略の実現や目標の達成、成長を人材面からサポートするには、企業理念や全社戦略、経営計画や各事業部の取り組み状況、事業そのもののあり方などに関する深い理解は必要不可欠です。

３．成果創出力

　成果創出力とは、「仕事で実績を出せる」ということです。これは、人事部門の最高責任者に限らず、一般的なビジネスパーソンが保有すべき能力の一つです。しかし、CHROの場合、いうまでもなく一般のビジネスパーソンに求められるレベルより高い水準が求められてきます。具体的には、①リーダーシップ、②問題発見・解決能力、③コミュニケーション力、④グリット（やり抜く力）などになります。これらの領域で可能なかぎり高いレベルで能力を発揮できれば、相乗効果でより高い成果を生み出すことにつながります。

❖「HRBP」の役割

もう一つ、最近重要な役割をもつようになってきているものに「HRBP」（HRビジネスパートナー）があります。

HRBPとは、経営者や事業責任者に対するビジネス上のパートナーとして、特に組織と人の側面からサポートし事業成長を実現するプロフェッショナルとの位置づけとなります。外資系企業であれば当たり前のように名刺の肩書きに使われており、戦略人事を実践していくうえでは現場サイドでのHRBPがカギを握るといっても過言ではありません。

従来の管理や労務上のオペレーションを中心とした人事とは異なり、ビジネスモデルについても深い造詣があり、事業サイドの責任者やメンバーに対して積極的に働きかけ、「タレント開発」（Talent Development；TD）と「組織開発」（Organization Development；OD）を遂行するための重要な役割を担うポジションです。

ここでいう「タレント開発」とは、めざすべき理想の組織を実現するために必要な人材開発を行い、育成されたタレント人材（優秀人材）に活躍の場を提供することです。また「組織開発」は、当該企業の理念浸透や組織文化の醸成によって、組織をあるべき方向やありたい方向へと導くために組織を開発することを意味します。

日本企業でも、これまで事業部人事や工場人事など現場に近いところに人事機能をおく企業はありましたが、HRBPの場合、人事部門に籍をおきながら、より現場の事業部門をよく理解し、それに寄り添うスタンスが問われてきます。現場実態に即したコミュニケーション能力が求められるため、従来の人事出身者だけではなく、事業サイドから適性のある社員を抜擢し、育成するケースも多いのです。

戦略人事においては、経営戦略と人材マネジメントを連動させることが求められるため、人事の役割も人を管理する従来型のオペレーションにとどまりません。常に経営的な視点に立ち、リーダーシップ開発も含めた人材開発にも取り組む必要があります。HRBPは、経営戦略を実現するための人事を実践し、経営とすべての社員をつなぐ重要な役割が求められているのです。

日本企業において、HRBPを成立させ機能させていくためには、HRBPと

いう新たな役割を創設するだけではなく、それを人事部門の核として、人事ポリシーや人事諸制度を立案するCOE（Center of Expertise）と、人事オペレーションの徹底した合理化をめざすOPE（Operation Excellence）をあわせて配置することが必要となります。

　人事に関連する組織形態も一段の進化が求められています。

❖ビジョンを実現するための人事制度改革

　ここで、戦略人事の推進とビジョン実現の取り組み事例をみてみましょう。

　IT関連B社では、10年ごとの節目に自社のビジョンを策定し、そのビジョンを実現するための社内的な取り組みを継続的に行っていました。そして、社内的な課題を、思考プロセスの一つの表現方法である「マインドマップ」の手法を用いて**図表4-2**のように整理し、これをもとに新ビジョンと連動した人事制度の見直し方針を打ち出しました。

1．人事制度の見直し方針

　B社のビジョンと連動した人事制度の見直し方針は、次のとおりです。

図表4-2　IT企業が抱える共通課題～マインドマップによる検討

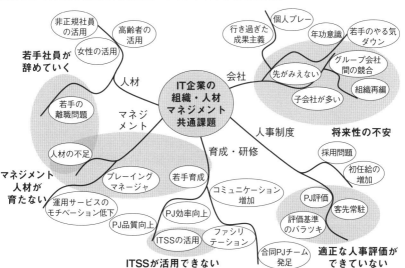

- B社ビジョンとの連動性の担保：「20XX年B社VISION（個人）」に掲げる「私たちは、社員一人ひとりが自己成長を最大の業績と自覚し、当社はその環境を支援します」に基づいた個人の成長支援を実現するために、B社では、この基本ポリシーを複線型ライフプラン制度やグレード（等級）制度、および評価制度に適正に反映する。また、めざすべき人材像である「人的資本ビジョン」を実現するために、これをグレード制度や評価制度にも反映する
- わかりやすい制度設計：わかりやすい制度とするため、シンプルな制度設計、具体的な評価項目の導入などが検討され、これをグレード制度や評価制度（主に行動評価）、報酬制度に適正に反映する
- 役割基準の明確化：業務実態に即した役割基準を設定し、役割と業績を反映した報酬制度を導入する。また、検討結果をグレード制度、評価制度、報酬制度に適正に反映する

　新たに掲げたビジョンと人事制度の現状を比較してみると、同社が掲げた人的資本ビジョンの内容に、現行人事制度の中身が微妙にズレていることがわかりました。これを是正するために、現行人事制度の中身の見直しがはかられました。

２．B社人的資本ビジョン

　同社が掲げた「人的資本ビジョン」は次のような内容でした。

①上流工程を担う深い業務知識

②高度なIT知識

③プロジェクトマネジメント力（高いプロジェクトマネジメント力やプロデュース力をもっている）

④高い提案力（優れたSI'erとしてのソリューション提案力を有している）

⑤誠実で粘り強く取り組む力（誠実で粘り強く取り組む力を有している）

　このビジョンに対する社内の評価は、①〜④については、それぞれの力を身につけるための計画的ローテーションやFA（フリーエージェント）制度、体系的な教育、求められる人材像の構築などが必要と判断されました。また、上記を達成するためには、中長期的な視野に基づく教育が必要との共通認識がもたれました。唯一、⑤についてのみ、当社社員には十分適性があ

るとの判断でした。

3．人材育成の課題と見直し施策

　これに合わせて、評価制度の見直しに際し、現行の人材育成課題と人事制度見直し施策案を整理し、**図表4-3**のようにまとめました。B社ビジョンの「個人成長を支援」するという観点からも育成を重視した内容となりました。人材育成責任やキャリアモデルの不在が、課題として浮かび上がっているのが特徴的です。

　ここから、それぞれのグレードに対応してどのような育成責任を負うかについては、次のようにグレード別の基準を新たに設定しました。

図表4-3　人材育成課題と人事制度見直し施策の整理（B社の例）
B社ビジョンの「個人成長を支援」する観点からも育成を重視

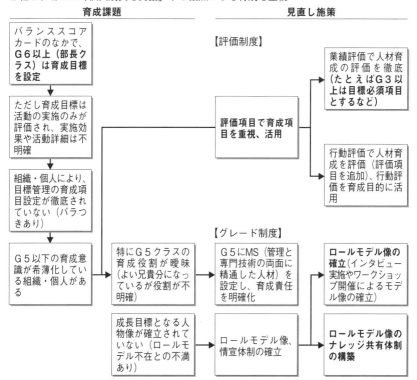

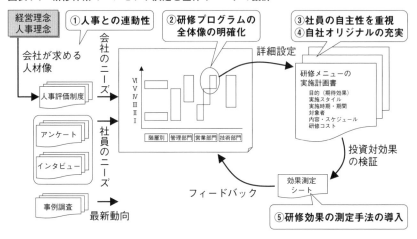

図表4-4　研修体系のコンセプト決定と全体イメージの設計

- G1・G2（一般社員クラス）⇒「自己成長に責任を負う」
- G3・G4（一般リーダークラス）⇒「後輩の指導に関する責任を負う」
- G5・G6・G7（管理職クラス）⇒「部下の育成に関する責任を負う」

❖研修体系のコンセプト決定と全体イメージの設計

　一般的には、このような検討を踏まえ、経営理念やビジョンをもとに必要とされる教育や研修を体系化してまとめ上げることになります。経営理念やビジョンから発して、人事制度に展開し、最後に人材育成体系や研修制度に落とし込むことで、戦略人事の思想を有した人材開発制度ができ上がります。その全体像は、たとえば**図表4-4**のように整理できます。

　まず、経営理念や人事理念が求める人材像から人事評価の基準を導き、これを踏まえて、会社ニーズに基づく研修プログラムの全体像を明らかにします。この際、社員側の教育ニーズや研修ニーズをアンケートやインタビューから把握し、研修プログラムのなかに反映できるものは組み込んでいきます。加えて、教育研修に関する世間動向や他社の先進事例などの最新動向を調査して、研修プログラムの内容に取り入れ、全体像を明確化していきます。この研修プログラムの全体像から個別の研修メニューに落とし込み、具

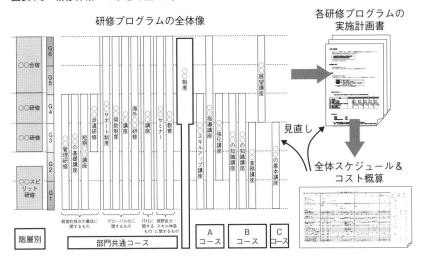

図表4-5　研修体系へのまとめ上げ（オーソドックスな研修体系例）

体的な研修メニューとその実施計画を策定します。

　社内研修はいったん実施してしまうと往々にして、やりっ放しになること
が多いので、最近では、研修の投資対効果を検証するために、研修の効果測
定をしっかり実施する企業が増えています。実施されたそれぞれの研修に対
する評価がフィードバックされ、次回開催に向けた改善課題を特定し改善が
実施されることになります。

　研修の効果測定については、第13章（173頁）で詳しく取り上げます。

　これらを経て、図表4-5のような職能別階層別の具体的な研修体系へとま
とめ上げられることになります。

❖インストラクショナルデザイン（ID）の考え方

　人材育成体系や研修体系を効果的・効率的に設計・実施するための一つの
方法論に、「インストラクショナルデザイン」（Instructional Design；ID）
があります。自社の人材育成体系や研修プログラムを具体的に検討する際
に、知っておくと便利な考え方です。

　インストラクショナルデザインは、直訳すると「教育設計」となります

図表4-6　ADDIE（アディー）モデル

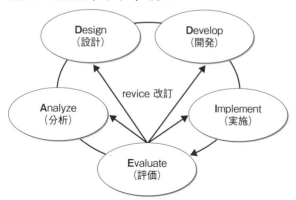

出所：中原淳ほか『企業内人材育成入門』（ダイヤモンド社）157頁に加筆

が、それぞれの環境において、学習する者がその学習意図に即した学びを得るために、最適な教育効果を上げる方法の設計を行うことを目的とします。このインストラクショナルデザインにおいては、教育や研修体系づくりの具体的な流れを「IDプロセス」と呼びますが、もっとも有名なIDプロセスに「ADDIE（アディー）モデル」があります（**図表4-6**）。

　ADDIEモデルとは、Analyze（分析）、Design（設計）、Develop（開発）、Implement（実施）、Evaluate（評価）の頭文字を連ねた用語です。それぞれの内容を簡単にみておくと次のようになります。

- 分析（Analyze）：組織の課題や問題を洗い出し、学習対象者の特性や前提となる知識、教える内容を分析して、学習目標を明確にする
- 設計（Design）：具体的なゴールを設定し、どんな研修プログラムを実施し、どんなコンテンツを用意すべきか、成果に結びつく学習目標やそのための手段などをデザインする
- 開発（Develop）：研修計画書などに基づき、教材やツールを開発し、研修プランを作成する
- 実施（Implement）：教材を使って実際に教育や研修を実施する
- 評価（Evaluate）：研修結果の評価を行い、課題や問題点の洗い出しと次のプログラム実施に向けた改善を行う

インストラクショナルデザインは、「人はいかに学ぶか」「学習とは何か」という問いに対して、よりよい学習環境を総合的にデザインすることをめざすものとされています。

　このあたりの思想を汲んだ研修体系の設計が望まれるところです。

【さらに学びを深めるための参考文献】
須田敏子『戦略人事論』日本経済新聞出版、2010年
リード・デシュラーほか『最強の戦略人事』東洋経済新報社、2020年
中原淳ほか『企業内人材育成入門』ダイヤモンド社、2006年
中原淳『研修開発入門』ダイヤモンド社、2014年
ロバート・M・ガニェほか『インストラクショナルデザインの原理』北大路書房、2007年
鈴木克明『研修設計マニュアル』北大路書房、2015年

第5章

プロフェッショナル人材論

✤人はいつしか「プロフェッショナル」をめざす

「お前、プロフェッショナルじゃないな！」「働いてお金をもらっている以上、誰もがみんなプロフェッショナル」など、とかく仕事にまつわる会話では、「プロフェッショナル」という言葉をよく耳にします。この言葉を発している当事者によって、微妙に意味合いが違うこともありますが、漫然と働くだけで気楽にお金を稼げる時代でもなくなってきました。

　日本企業においてはとりわけ、「プロフェッショナルとして働く」意味を真剣に考えておくことが、「人生100年時代」といわれる昨今、重要な意味をもつと、個人的には確信しています。

　たとえば、いま日本は、世界に類例をみないほど少子高齢化が進み、人口減少問題に直面しています。人が減り続けることが明々白々ないま、人手不足を補うためには、健康で働く意欲があり、仕事を担うだけの能力があれば、働く期間を延長して就業を継続するのがもっとも確率の高い選択肢といえるでしょう。

　しかし、大方の日本企業の実態は、このような時代的要請に応えられるような状況にないと思われます。これまで、「ゼネラリスト育成」の名目のもと、定期的なローテーションをともなうキャリア開発を前提に、人材配置や活用を行ってきた多くの企業では、管理職登用にもある程度年功意識が働き、本来的に求められるマネジメント・スキルやリーダーシップ開発は行われてきませんでした。

　その結果、管理職の仕事といえば、上から下りてくる仕事を部下に下ろすだけの「仕事の手配師」か、下から上がってくる各種書類や文書に対する「判子押し」がもっぱらで、いつしか実務スキルや専門スキルが錆びついた状況に陥っているのが実態です。

　また、世代交代の名のもとに、55歳あたりを境に「役職定年制」を導入し

ている企業も少なくありません。役職定年年齢に到達して役職を降りた社員は、何らかの分野での実務スキルや専門スキルの発揮が求められる業務に就きますが、長らく管理職の立場にあったために、求められる業務に対応できない社員が、そこここの企業で発生しています。この事実が、「働かないおじさん」を生み、「50代問題」を引き起こしています。

　65歳まで雇用延長の時代、仮に55歳で管理職を降りても残り10年間の職業人生を、どんな仕事の分野で、所属している企業に貢献していくかが、課題として浮上してきているのです。そんなところから、社会人の「学び直し」「リカレント教育」が叫ばれてきています。

　生涯第一線の時代には、「お金をもらっている以上、誰もがみんなプロフェッショナル」を、あらためて真摯に考えてみる必要があるようです。

❖「プロフェッショナル」を定義する

　そもそも「プロフェッショナル」とは、いったい何でしょうか。プロフェッショナルの語源をさぐると、「Profess」（告白する）に辿り着くといわれます。つまり、「神の前にて誓いを立てて、これを職とする」という意味で、もともとはキリスト教の聖職者のことを指していたそうです。

　そこから転じて、人命を預かる医師や人間の行為の善悪を判断する弁護士、さらには会計士や税理士といった「士業」、大学教授などにも裾野が広がって今日に至っています。著者が生業としているコンサルタントも、その端くれの地位を占めています。

　かつて、ハーバード・ビジネススクールのセオドア・レビット教授は、「企業は商品やサービスを通じて、あなたを100パーセント満足させますという『誓約』を販売しており、顧客はその『誓約』を購入している」と語ったそうです（大前研一『ザ・プロフェッショナル』ダイヤモンド社）。ここで重要なことは、「顧客視点」あるいは顧客に対する「提供価値」（Value Proposition）です。この視点を欠いたプロフェッショナルでは、現代社会では存在を許されないといっても過言ではありません。コンサルティング業界でも、「クライアント・インタレスト・ファースト」（顧客利益第一）が暗黙の常識となっており、顧客の真のニーズの飽くなき追求を旨としています。

このあたりを踏まえ、ここでは「透徹した顧客第一主義を貫き、高い専門性と知識・スキル、高潔なる精神と向上心をもち続け、規律正しく、感情ではなく理性で行動し、組織に貢献できる高業績人材」、それが現代におけるプロフェッショナルと定義したいと思います。

❖プロフェッショナル人材の特徴

プロフェッショナルと似て非なるものにスペシャリストがあります。よく複線型人事を検討する際に議論となるので、ここで整理しておきたいと思います。

たとえば、**図表5-1**に示すように、スペシャリストは特定分野の専門性で貢献し、プロフェッショナルは顧客への提供価値と会社に対する高業績で勝負します。**図表5-2**のような人材ポートフォリオのなかでも、独自の地位を確保するのがプロフェッショナルです。また、人事制度改革を進めていく際の複線型人事・処遇制度の検討においても、プロフェッショナルの位置づけは、たとえば、**図表5-3**のようなフレームのなかで検討されたりします。

これからは「プロフェッショナルが活躍する時代」ですが、プロフェッショナル人材は、いったい何が違うのでしょうか。

端的にいえば、「精神性」（スピリチュアリティ）がまず違います。プロ

図表5-1　プロフェッショナルとスペシャリストの違い

人材のタイプ	求められる能力			
プロフェッショナル リーダー	顧客 志向性	リーダー シップ	プロとして の成果	専門性
プロフェッショナル	顧客 志向性	プロとして の成果	専門性	
ゼネラリスト マネジャー	主として マネジメント 能力			
スペシャリスト	主として 専門性			

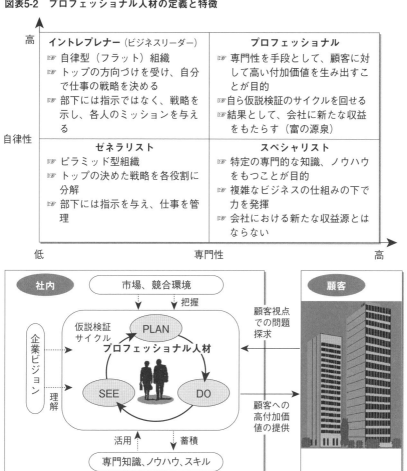

図表5-2　プロフェッショナル人材の定義と特徴

	低　　　　　　　　　　　　　　専門性　　　　　　　　　　　　　高
高	**イントレプレナー**（ビジネスリーダー） ☞ 自律型（フラット）組織 ☞ トップの方向づけを受け、自分で仕事の戦略を決める ☞ 部下には指示ではなく、戦略を示し、各人のミッションを与える	**プロフェッショナル** ☞ 専門性を手段として、顧客に対して高い付加価値を生み出すことが目的 ☞ 自ら仮説検証のサイクルを回せる ☞ 結果として、会社に新たな収益をもたらす（富の源泉）
自律性	**ゼネラリスト** ☞ ピラミッド型組織 ☞ トップの決めた戦略を各役割に分解 ☞ 部下には指示を与え、仕事を管理	**スペシャリスト** ☞ 特定の専門的な知識、ノウハウをもつことが目的 ☞ 複雑なビジネスの仕組の下で力を発揮 ☞ 会社における新たな収益源とはならない

フェッショナルは、仕事のなかに「崇高なる思い」や「感動」を求めます。仕事に対する「志」と「心意気」で抜きん出ています。お金や地位といった物質的成功よりも、仕事を通じた自己の成長や達成感といった精神的充足を重視します。

　また、「利己」ではなく「利他」、つまり他人に利することを優先するマイ

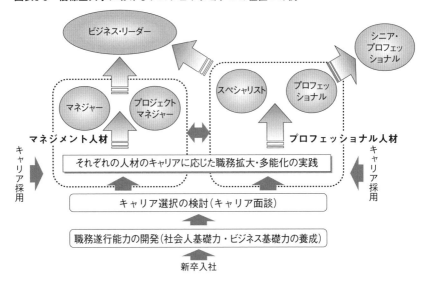

ンドセット（思考様式）をもっています。これは、高名な経営者になればな
るほど、自社の繁栄よりも社会の繁栄に尽くそうとする姿勢が強く前面に出
てくることなどでもよくわかります。そのような人材は、深い「洞察力」と
「判断力」で道なき道を切り開きます。そして、正しい答えをみつけ出すた
めの確固たる「信念」を絶やしません。

❖高業績プロ人材の行動特性と組織マネジメント

　常に高い業績を上げ続けるプロフェッショナル人材は、その行動特性にお
いても特筆すべきものがあります。たとえば、仕事に対する明確な目標意識
をもっています。組織のビジョン（理念）とバリュー（価値観）を心得たう
えで、自己のミッション（期待役割）をよく理解しています。そのミッショ
ンに基づき、実際に正しい行動をとっています。また、仕事における最終的
な成果に対して強烈な執着心を抱いています。このあたりが、高業績プロ
フェショナルと一般的なビジネスパーソンとを分ける決定的な違いです。

　また、高業績プロ人材は、一生をかけて自分の力量を磨き続けようとする

覚悟があり、しかも実際にそのプロセスを楽しみながら実行しています。知的好奇心という膨大なエネルギーを一生絶やすことなく、自分の仕事と人生とのかかわりや意味、その価値を追求し続ける人材です。仮に周囲の状況が変わってもその変化の本質を素早く読み取り、他の誰よりもコンスタントな成果を上げ続けます。

　プロフェッショナル人材の時代は、すでに到来しています。ビジネスパーソンにとっても、このようなトレンドに敏感であるとともに、常に自分自身のプロフェッショナリティを磨き続けていこうとする強靭な精神が求められてきます。

　これらプロフェッショナル人材を多く抱えるプロフェッショナル組織のマネジメントにも特徴的な点があげられます。たとえば、コンサルティング・ファームなどのプロフェッショナル組織では、がんじがらめのルール（法的拘束力）で社員を縛るのではなく、ビジョンとバリュー（規律の力）で組織を束ねます。また、エンパワーメント（権限委譲）とセルフ・マネジメントを基本とし、「かけた時間」ではなく「出した成果」を重視します。　仕事に対する倫理の徹底とフェアな人事評価を実践します。仕事と報酬で正当に報いるのが、プロフェッショナル組織のマネジメントといえるでしょう。

❖真のプロフェッショナル人材になるために

　こう書いてくると、何か特殊な才能や技能、資質・能力をもった一握りの人材だけにプロフェッショナル人材という称号が与えられるように思われるかもしれませんが、そうではありません。誰もが認める一部のスーパー・プロフェッショナルが存在していることは事実です。しかし、本章の冒頭でも触れたように、給料をもらって働いている以上、すべての社員がプロフェッショナルなのだという自覚や自負をもつことが必要であり、いわゆる「サラリーマン根性」は早めに捨てるべきです。

　プロフェッショナルであるかないかは、「リアル・クライアント」（真の顧客）が誰かをきちんと見極めているかどうかにかかってきます。こういうと、「自分は営業ではないから、直接的な顧客接点がない」と思われるかもしれません。しかし、よく製造業でいわれてきたように「次工程がお客さ

ま」であり、直接的に社外の顧客と接していない、いわゆる管理部門や間接部門の社員であっても、他部門の関係各位が「お客さま」（社内顧客）であるべきです。そんなところから、コンピテンシーの定義を検討している場面などでは、「顧客志向性」というコンピテンシーに対して「社内外の顧客」という表現をあえて使用している企業事例もあるくらいです。

　そして、やはり一点突破の専門性を身につけること。自分の仕事の領域のなかで何が得意分野か、専門領域かを常に意識し、「この分野や領域だったら、誰にも負けない」という専門性を早く確立していくことです。

　加えて、業績貢献への方法論やそのメカニズムを理解すること。「業績」といっても、シンプルに数字で表現できる定量的なものとそうでない定性的なものがあるので、少し悩ましいところがあります。要するに、自分の担当業務に期待されている成果や業績とは、どのような取り組みの結果としてもたらされるものなのかを仕事のプロセスのなかで学習し、コンスタントに成果や業績を上げられるようになることが重要です。そのためには、「自分の敵は自分」と見定めて、不断の努力を怠らないことです。

　現代は、Volatility（変動性）、Uncertainty（不確実性）、Complexity（複雑性）、Ambiguity（曖昧性）の頭文字をとって「VUCAの時代」と呼ばれるほど企業経営や組織運営がむずかしい時代です。知的好奇心というエネルギーを一生絶やさないというマインドセットも欠かせません。日々の暮らしのなかで、仕事と人生とのかかわりや意味・価値を十分認識することも必要となってきます。

　心がけ次第で、誰でもみんなプロフェッショナルになれる時代です。そのためにも、自分自身の職業人生に真摯に対峙し、自省・内省することが特に重要なのです。

❖まずは拠って立つ基盤を固める

　それでは、プロフェッショナル人材になるためには、どうすべきなのでしょうか。これからどんなキャリアを歩むにしても、まずは拠って立つ基盤ができなければ話になりません。つまり、自分のキャリアのなかでコアとなる実務を、自分なりに早めにモノにしておかなければならないということで

す。

それは、人事実務を例にとれば、その内容は以下の4つに集約されます。

1．人事企画・採用・人材開発

人事戦略や人事施策の立案・実施といったかなりハイレベルなものから、新卒・キャリアの採用実務、定期的な社内の人事異動の立案・実施、全社レベルの人材育成体系の企画・立案、現場における教育研修の企画・実施といった人事実務まで多岐に及びます。人事制度の改革・改廃に関する企画もこの範疇に入るでしょう。求められる能力は企画・立案力や創造力といった少し高度な能力のため、入社したての新入社員が最初から大きく権限を与えられて任される仕事ではありません。そこそこの経験とキャリアを積んだ人事スタッフのなかでも優秀な人材が、そのリーダーとして配置されることになります。

人事スタッフとなった以上は、実力をつけてこの種の仕事を任される人材になることは、一つの目標ととらえてよいでしょう。

2．就業管理・給与計算

社員の日々の就業状況や時間外労働実態の把握、時間外予算の管理や就業にかかわる社員の健康状態の管理、メンタル・ヘルス対策など。実際の就業実態が勤怠や時間外手当を通じて給与の支払いに連動するため、給与計算実務もこれと関連してきます。給与計算については、支払実務はかなりシステム化が進んできているため、省力化や効率化が進んでいる分野です。しかし、中身は多岐にわたりかつ高度な内容のため、業務を極めるためには実際にはかなり奥深い領域と考えたほうがよいでしょう。

就業管理は労働条件管理ともかかわってくるため、労使関係のマネジメントの理解と経験が必要となってきます。つまり、労働組合が存在する企業では、労使交渉など組合とのつき合い方を習得する必要が出てくるということです。

3．福利厚生・社会保険

福利厚生は一時期、その再構築が進み、カフェテリアプラン（選択型福利厚生制度）を導入したり、アウトソーシング（業務の外部委託）なども積極的に活用されてきたため、かつてほど実務としてボリュームをもたなくなっ

た企業も多いことかと思います。これまでのような会社丸抱え的な発想も薄れてきたため、寮や社宅を完備する企業もいまは昔となりました。しかし一方で、昔ながらの社員旅行や誕生日会などの社内行事を重視する企業が出てきていることにも注意を払う必要があります。エンゲージメント（組織への貢献意欲）向上のために、人と人との「つながり」や「絆」を重視した社内イベントが尊重されるようになったからです。「新しい時代のあるべき福利厚生とは何か？」が、これからの福利厚生担当の重要なテーマとなっています。

　社会保険関係は、実務としてはかなり地味な領域ですが、今後ますます重要視されます。年金問題は相変わらず世間を賑わせており、介護社会との関連でも社会保険は重要な位置づけにあります。実務に精通することは、今後の少子高齢社会を展望していくうえで、人事スタッフとして必須といっても過言ではありません。

4．人事情報システム・HRテック関連

　人事部門の担当領域に属している場合と、社内システム部門で管理されている場合とがあります。最近では、タレント・マネジメント・システムとして再定義され、社員の異動履歴の管理や人事評価のツールとして、あるいは就業管理のトータル・システムとして活用されることも増えてきました。人事情報システムの専任スタッフを抱えている人事部門もあります。人事業務と密接に関係してくるものなので、人事実務に通暁しているスタッフが配置されていることが望まれます。この領域は、「HRテック」（HR Technology）といった新たな領域への進化が展望されている分野でもあります。

　以上の4つの領域で、まずはどこに軸足をおいた業務ができるようになるかが重要です。理想をいえば、20代のうちに自分が拠って立つ実務領域の基盤固めはできていたほうがよいでしょう。それが、30代での飛躍につながるからです。

❖「タレント・マネジメント」がメインテーマ

　このような人事実務に即したカテゴリー区分を人材マネジメントの流れに置き換えてみると、すでに第1章で触れたように、人の採用から代謝（退職）に至る一連の流れを「人材マネジメント・フロー」と呼びます。採用、

配置、評価、報酬、育成、就業、代謝（退職）の７つの分野・領域に分類されることから、これを「人材マネジメント・フローの７つの機能」と呼んでいます。

それぞれの機能は、これまでの人事実務の内容を整理したもので、実務担当からみてもおそらく違和感はないでしょう。しかしなかには、たとえば、サクセッション・プランやコーポレートユニバーシティ、ワーク・ライフ・バランスやダイバーシティ・マネジメントといった、昨今のテーマも含まれています。問題意識をさらに一歩進めてみれば、人材マネジメントの流れに即して、グローバル・レベルでの人材争奪戦が容易に予想されるこれからの人材市場を前提として、いかに優秀な人材を採用・確保し、育成・処遇していくかという、「タレント・マネジメント」にかかわるテーマが底辺を流れていることも見落とすことはできません。

そもそも人事の本来機能は、ヒト、モノ、カネ、情報といわれる「４大経営資源」（これに、知識を加えて「５大経営資源」ともいわれる）のうち、ヒトに関する効果的・効率的な資源配分の実現と人材の確保・育成、活用・戦力化を司ることにあります。
「人間尊重の経営」を標榜し続けてきた日本企業にとって、人事部の位置づけは、扇のカナメとも形容され、伝統的に組織横断的な管理志向が強くありました。「人事管理」や「労務管理」という言葉がいまでも使われるのは、このような人事機能を担う部門の性格づけの表われでもあります。

しかし、人は企業の論理だけで管理されるべき対象ではありません。そんなところから、単なる「人事管理」（Personnel Management）から、経営資源としての人の戦略的活用が重視され、「人的資源管理」（Human Resource Management）へと概念論的な進化を遂げました。しかし、この概念も、企業によって使われるべき資源であるため、ここからさらに一段の進化を遂げ、「人的資本管理」（Human Capital Management）という表現が生み出されています。つまり、人は消費されるべき資源ではなく、投資対象としての資本と位置づけられているのです。「人事管理」という言葉に代わって、「人材マネジメント」という用語が市民権を得てきましたが、その意味するところもこの文脈の流れのなかで語られるものです。

このような人事の機能は、先ほどの人材マネジメント・フローで整理され、この一連の人事・処遇の流れのなかで、「人材プランニング」に基づき人は採用され、育成され、処遇を受けていくことになります。

❖どの分野に秀でるかを考える

　人事スタッフは、このような人材マネジメントの潮流を念頭におきながら、まずは人事実務のどの分野に秀でるかを真摯に考える必要があります。専門性を志向して、早くからさまざまな業務経験を積んで一人前になっていくとともに、できるだけ特定業務に固定せず、定期的・継続的な部門内ローテーションを実施して、人事実務の必須知識を習得していく必要があるでしょう。特に、近年の人事部門の社内における位置づけの変化は、人事業務全般にわたるより高度な知識とスキルと経験を有する人材を多数育成していく必要性に迫られてきています。

　このような事実を前提とすれば、機能分化がかなり進んでいる本社の人事部門で特定業務しか担当しないようなキャリアはあまり望ましくないかもしれません。仮に長年同じ部署にいても、キャリアの発展性がともなわないことになってしまうからです。実際に大企業の本社人事部門は、かなりの陣容を擁していることもあり、たとえば、採用一筋この道10年といった人事スタッフも結構いるものです。これは、人事スタッフとしては少し偏ったキャリアといわざるをえないでしょう。これに比べて、たとえば同じ人事部門であっても、地方の工場や支店・営業所の人事担当部署などを経験すると、人事業務全般に広く携わることができ、飛躍的に視野が広まるといったことも実際にありえます。

　人事スタッフの理想的なキャリア形成の意味合いからも、計画的・意図的にこのような人事異動を実施すべきだと思います。

　もっとも、人事業務自体は、昨今のアウトソーシングの流れを受けて、定型的・周辺的業務については、外部委託に頼る傾向も顕著に出てきています。これからの人事のキャリアについては、戦略性が高く経営に対して高い付加価値を生む業務が、社内的にはより高い値づけがされる方向にあるという事実を見逃してはいけないでしょう。

このような人事実務の実情に照らして、もちろん自分自身のキャリア志向性や職務適性を客観的に判断して、どの分野に秀でるかを自己判断していくことになります。

❖これからのキャリアを構想する

　これらを踏まえて、自分のキャリアを構想してみましょう。社内における人事キャリアの可能性は、その会社によってもさまざまで、一概に定義することはむずかしいかもしれません。したがって、ここでは限りなく一般論に近い形で、その方向性を4つに分類していきます。特定の組織におけるキャリアの可能性とは、その組織のなかでの自分自身の生存領域の探索に近いと思います。だから、その会社での自分のこれまでのキャリアと今後のキャリアの可能性をよく見極めながら、主体的に判断していかざるをえないのです。

1. 担当実務のエキスパート

　いま現在担当している人事実務を極めて、その担当実務に秀でた人材になることです。たとえば、採用業務や教育・研修の企画に長けた人材は、どこの企業にも必ずいます。「この道10年、20年」のエキスパートでも、活躍の時と場所を与えられれば、立派に組織に貢献できます。ここでいう「エキスパート」とは、人事用語的には「専任職」といった意味合いで用いています。それはたとえば、労働条件管理でも労組対策のエキスパートでも、社会保険実務のエキスパートでもよいのです。

　経営に対する貢献度といった観点からは少し弱いかもしれませんが、実務に精通しており、「この人でなければ…」と余人を以て代えがたい人材とイメージされるようになれれば、当該本人の存在意義は十分あるというものです。

2. 特定業務領域のスペシャリスト

　先に述べた4つの人事領域のどこかに専門特化した人材になることです。ここでの「スペシャリスト」も、人事用語的にはかなり人口に膾炙している「専門職」の意味合いで用いています。

　たとえば、人事企画のスペシャリストなら、自社の人事制度改革をプラン

ニングして、経営ニーズと社員ニーズの双方を把握し、うまくバランスさせて、経営環境の変化に的確に対応した新しい人事制度や人材マネジメント・システムを導入できる人材などがその最たる例といえます。

3．企業変革のプロフェッショナル

　人事実務の全領域に精通し、その基盤に立ったうえで、当該企業や組織をあるべき方向に変えていくことができる人材、第4章で取り上げたHRBP（HRビジネスパートナー）をイメージしています。

　昨今の人事部門のより先鋭的な役割は、この企業変革のプロとしての役割を担うところにきています。つまり、戦略パートナーの位置づけです。人事部門は、人事実務の領域を超え、部門を超えて組織横断的な影響力を行使し、組織自体をうまくコーディネートしながら必要に応じて組織学習を促し、企業自体をあるべき方向にリードする「社内コンサルタント」の役割を担うものです。

4．戦略人事を実現するCHRO

　戦略パートナーに経営の視点がより色濃く出てくれば、それはCHRO（最高人事責任者）へと進化します。

　CHROという言葉自体は、まだCEO（最高経営責任者）やCOO（最高執行責任者）ほどはポピュラーではありません。しかし、今後の人事領域の業務の発展性を考えれば、当然のことながらキーワードとして語られる日は近いと考えています。

　人材を基盤とした経営、あるいは戦略的人材マネジメントを実際に実践していく人材には、当然のことながら、経営全般にわたる教育と知識と知恵が求められます。

❖コモディティ化する「MBA教育」

　経営者教育に話が及んだので、ここで、MBA（経営学修士）教育を取り上げます。

　ひところのMBAは、経営エリートへのパスポートのように語られることが多かったと記憶しています。企業派遣や自費留学により、欧米の一流ビジネススクールで学位を取得するというスタイルが、ファッションのように流

行しました。最近では、日本の大学でも社会人大学院や専門職大学院の名目でビジネススクールを設置するところが増え、海外留学までしなくとも国内で十分学位が取得可能になっています。人材マネジメントやHRの分野を教育カリキュラムの柱と位置づける専門職大学院も出てきています。

　しかし、MBAは、ビジネスにおける成功確率を高めるさまざまな要素の一つではあっても、MBAを取得したからといって、それが即、経営エリートへの道を約束するものではないということには、注意すべきでしょう。

　昨今では、MBAを冠した書籍が書店の書棚を所狭しと賑わせていたり、通勤電車で読むMBAシリーズのようなお手軽な本が出回っていたりと、MBA的な発想や思考パターン、あるいはMBAプログラムそのものに関してもだいぶ日常的な取り扱いとなってきました。MBAの学位を取得する、しないにかかわらず、MBA的な発想やものの考え方は、日本の企業社会においては半ば一般常識的なものとなっています。そのくらい、MBA教育のコモディティ（一般商品）化が進んできています。

　人事実務についても、すでにMBA的な資質は必須となっています。しかし、業務領域における実践スキルの習得は、実際のOJTにより獲得する「経験領域」と、教育や研修の受講などを通じて獲得する「学習領域」とがあり、この２つの領域を効果的に組み合わせ、キャリアを積み上げていく必要があります。

　くれぐれも注意すべきことは、ただ単にMBAプログラムにおけるインプット型の教育だけを受けても、決して将来有望な人材は育たないという点です。これに、欧米企業で実施されているサクセッション・プラン（後継者育成計画）のような、「Input⇒Process⇒Output」といった一連の仕組みをビルトインする必要性があります。

　たとえば、日本企業で実際に実施されている次世代リーダー開発研修や経営幹部選抜研修のカリキュラムも、この２つの領域に配慮してプログラムされたものが多数を占めています。すなわち、経営戦略や財務戦略、マーケティングなどに関するベーシックな内容の講義やケーススタディを中心とする「知識研修」（＝学習領域）と、主としてグループ・ワークやチーム・ディスカッションの形態で自社のあるべき未来戦略や既存事業の問題点、研

究開発体制のあり方などを検討し、新たなビジネスモデルを提案していく「アクション・ラーニング」（＝擬似経験領域）の２本立てで構成されているケースが多くみられます。

　何事も知識を得たらそれを実践する機会をもつことが重要であり、人事スタッフのキャリアも、知識と経験のバランスのうえに積み上げていくべきものといえそうです。

❖人事スタッフの心構え

　もう一つ重要なことが、人事スタッフとしてのマインドセット（思考様式）です。人事スタッフは、自己のキャリア形成をはかるうえでも、人事部門特有の事情を考慮して、その心構え的なところから徹底的に身につけるべきです。人事という業務を社内における長いキャリアととらえ、この分野でのプロフェッショナルになりたいという強いキャリア志向性をもつ若手スタッフであれば、なおのことメンタルな部分は重要です。

　人事スタッフの心構えとしては、たとえば次のような点があげられます。

１．人に対する深い愛情

「人事」と書いて「ヒトゴト」と読むとよくいわれます。しかし、扱っているものが社員でありその処遇なので、人に対する深い愛情がなければできない仕事と心得ましょう。

２．公正性と中立性

　一定の社内秩序を維持するため、必要な社内ルールを整備しこれに則った運用をする立場であるので、公正かつ中立なスタンスでなければ仕事は務まりません。

３．無私の精神

　人事における公正性や中立性は、無私の精神につながります。「私」を離れ、所属する組織やそこで働く社員たちのことを視界の中心に据えたものの見方や考え方が求められてきます。

４．深謀遠慮

　人事スタッフはまた、刹那に考え刹那に行動してはなりません。いま、眼前で起きている出来事を単に表層的にとらえるのではなく、将来を見通す力

に長ける必要があります。

5．人を信じる心

　職場における上司・部下・同僚、それぞれの立場の人たちを信じ、行動を理解し、その可能性や成果に期待することです。

　このあたりが日々の行動を通じて実践できるようになれば、一人前の人事スタッフに近づいたといえるでしょう。

❖夢を叶えるために大切なこと

　人事のキャリアにおいて、自分の夢を叶えるために大切なこととは何でしょうか。それは、エドガー・H・シャイン流にいえば、①自分にできること、②自分がやりたいこと、③自分が価値を感じること、の３つの輪の重なりをできるだけ大きくすること、そのためには人事スタッフ自らが自律型の社員となり、自分がいちばん好きなことを徹底的にやり抜いて、それを極めることだと思います。

　いま、あらためて終身雇用の是非論が話題になったりもしていますが、これは、これまでの終身雇用スタイルの制度のもと、あまりにも会社依存体質の社員が多数輩出されてしまったことに対する、素直な反省から生まれています。自己のキャリアに対する考え方もそうですが、自分の担当する仕事に対するオーナーシップ（当事者意識）やミッションに対する自覚、アカウンタビリティ（成果責任）などについても、自分を主体とした考え方がとれない社員がいまだに多いという事実から出発しています。

　会社が方向性を示してくれなければ、上司が仕事の指示をしてくれなければ、あるいはゴールを設定してくれなければ、自らアクションを起こすことのできない社員が実際に多数存在しています。

　人事スタッフの基本は、これらの社員の自覚を促し、環境の変化を理解させて、できるだけ「セルフ・スターター」（自発的な行動がとれる人材）としての社員への意識変革を促すこと。そのための前提条件として、人事スタッフ自らがセルフ・スターターでなければなりません。自らが他部門に対する率先垂範者でなければ、厳しくきつい人事部門の要求を他部門に対して求めることはできなくなってしまいます。

そこでは、「セルフ・ガバニング」の基本をきちんとわきまえておく必要
があるでしょう。セルフ・ガバニングとは、「自らをきちんと律せること」
です。社内での自分の立場や当面の課題を正しく認識し、自らを律して業務
にあたることです。人事スタッフこそが、率先して範を示し、自律型の人材
に脱皮していくことが求められます。その先に、あるべきキャリアがみえて
きます。

　プロフェッショナル人材のキャリアについて考えるという行為は、一生を
かけた自分自身への自問自答の繰り返しである、という事実を深く噛み締め
る必要があります。

　悠久の時の流れは、引き返すことも、もう一度通りなおすこともできませ
ん。だからこそ、プロフェッショナルをめざそうとする人間は、自分自身の
キャリアを形づくるために、その日その日を大切に生きていくことがことの
ほか重要なのです。

【さらに学びを深めるための参考文献】
大前研一『ザ・プロフェッショナル』ダイヤモンド社、2005年
波頭亮『プロフェッショナル原論』ちくま新書、2006年
高橋俊介『プロフェッショナルの働き方』PHPビジネス新書、2012年
ジャグディシュ・N・シースほか『選ばれるプロフェッショナル』英治出版、2009年
デービッド・マイスターほか『プロフェッショナル・アドバイザー』東洋経済新報社、2010年
ジェイ・W・ロッシュほか『スター主義経営』東洋経済新報社、2007年
吉田寿『仕事力を磨く言葉』経団連出版、2004年
吉田寿『リーダーの器は「人間力」で決まる』ダイヤモンド社、2010年

第6章
「組織力」を高める

　著者がビジネススクールで「人材開発」の授業を担当していた頃の話。受講生から「組織力とは何でしょうか。個人力とはどう違うのでしょうか。個人力を組織力に結集していくうえで重要と思われることは何でしょうか」と質問が出されました。素朴な、しかしなかなか核心を突く質問です。

　仕事の基本は、組織やチームで１＋１が２にも３にもなるマネジメントを実践していくことにほかなりません。一人ひとりの力には自ずと限界があります。そのため、個人の力を組織の力に変えていく継続的な努力が求められてきます。日本の製造業がかつて「現場力」の観点で欧米企業を凌駕できたのも、この組織ぐるみで取り組むというスタイルを愚直に実践できた賜物といえます。その本質は、常に課題や問題点を職場で共有し、ともに議論して解決策を確実に実行していくという、きわめてシンプルなものでした。

✣チームワーク・クライシス
　そんな日本企業のメリットに揺らぎが生じたのが、一時期流行した成果主義人事の導入・普及のときでした。

　たとえば、チームで取り組むプロジェクトにおいて、自分の業績貢献ばかりを強烈に主張してくるメンバーが出てきました。自分がいかに大変な思いをして仕事をしたかをひとしきり主張し、そのプロジェクトで上げた成果や業績を自分の貢献と強く主張してくるようなメンバーが自己増殖したのです。この種のメンバーに決定的に欠けていたものは「協働する心」であり、仕事というものは、自分一人で自己完結的にできるものではないという、常識的な価値判断です。

　仕事において役割を明確にすることは、それが不明確な状態のままよりはるかによいでしょう。しかし、役割を明確化させることの負の側面は、業務に対する縄張り意識が強く前面に出てきてしまい、業務と業務の間を埋め

る「すき間仕事」に誰も手を出さなくなってしまうことです。誰が担当するかはあらかじめ決められていない仕事でも、実際に目の前で発生すれば、その場の状況に応じて誰かが自主的に手を出すというのが「協働の精神」です。「誰かが担当するだろう」とタカを括っていると、ちょうど野球で二遊間にポトリと落ちるポテンヒットのように、失策を演じてしまうことになります。

　先のプロジェクト・メンバーの場合も、自分の業績貢献意識ばかりが前面に出て、チームとしての仕事のあり方やチームプレーの大切さが欠落してしまっています。「チームワーク・クライシス」が職場のそこここで発生していると感じられるようになったのです。

　このような行動に出る者は、必ずどこかで壁にぶち当たります。自分の貢献を強く主張することで当座の自分の業績は確保できても、長い目で見た場合に、そのような使いにくい人間と仕事をしようとは、当の上司も周囲の者たちも思わなくなるからです。先々を考えずに自分の権利や権益を主張することで、将来的な可能性の芽を自ら摘んでしまう、愚かしい行為です。

　組織力とは、個人の力と個人間のつながりのかけ算とも表現できます。このことを肝に銘じる必要があります。

❖組織改革における企業の取り組み

　このような傾向に対する健全な危機意識から、企業の現場でも具体的な取り組みがなされてきました。先輩から後輩への技能や知見の伝承、あるいはチームワークを活かした組織力の底上げをめざす企業が増えているのです。顕著な傾向としては、「個人成果主義」から「チーム成果主義」への移行です。そのなかでも注目されるのが、部下や後輩の育成に注力した上司・先輩を高く評価するといった評価制度の修正トレンドです。部下・後輩の士気を高め、職務遂行能力の涵養に努めた上司や先輩を評価するように制度運用を改めれば、働きがいを高め組織力を高める方向に働くとの判断からです。

　たとえば**図表6-1**のように、一連の組織改革に取り組む企業では、従来型のピラミッド型組織を廃止してフラット型組織へ移行します。課制を廃止して、部長職以下の組織を簡素化します。これによって「個人の力」を高め、

組織の意思決定をスピーディにするというねらいは達成できるものの、一方で、コミュニケーションや人材育成を基盤とした現場力やチームワークが弱まってしまうという現実に当面します。結果的に、社員は自分の仕事ばかりを追うようになり、それまであった先輩・後輩間での「教え・教えられる」というコミュニケーションが消えてしまいます。

　すると、次の段階では、チームを主体とした小単位組織を導入します。たとえば、部長相当職のグループ長のもとに「チームリーダー」をおきます。ねらいは、「先輩・後輩関係」という信頼の絆で結ばれた「強い共同体意識」の再生です。人事評価においても、リーダーは「人材育成」という期待役割が明確化されるようになっています。

　このような動きはほかにもみられます。業績偏重の評価制度から、価値観の共有や人材育成といったソフト面の評価を重視する人材主義に基づく仕組みへの変更。つまり、結果重視からプロセス重視への評価制度のパラダイムシフトです。これにともない、会社が主催する各種イベントを活性化させた

図表6-1　組織形態の変化と人事思想の変遷

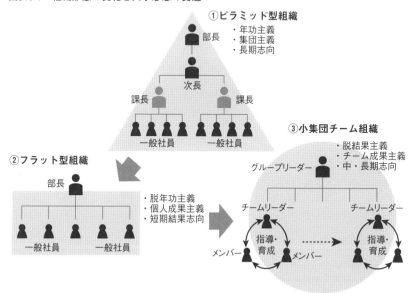

り、後輩の面倒をみる「メンター制」や「里親制度」などを導入したりする企業も増えました。これらの取り組みは、すべてが社内での良好な人間関係や協力関係構築のための試みと解釈することができます。

❖個人の力を組織の力に結集する

「組織遂行力」という言葉があります。「組織の目標に向かって、組織のメンバー全員が一致協力して行動し、成果を出し続ける力」のことです。多くの企業では、「目標」の達成に向け、「戦略」を練り、「戦術」を展開します。しかし、**図表6-2**に示すように、

- そもそも目標が明確でない
- 目標の達成に向け全員が一致協力していない
- 組織内の相互理解が不十分
- 情報が共有されていない

などの理由により、組織遂行力が阻害されている場合があります。

組織遂行力を高めるために必要な要素としては、

- ●組織の価値観が共有されている
- ●ビジョンが設定されている
- ●目標が設定されている
- ●目標を達成するための戦略が明確で共有されている
- ●ミッションが明確になっている
- ●目標を達成するためのコミットメントがある

の6つがあげられます。つまり、ビジョンの実現のためには、ベースとして

図表6-2 組織遂行力のある組織とない組織

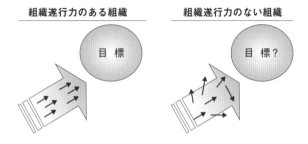

組織メンバーの間での価値観の共有が必須であり、それに基づき目標の達成に向けた自己のミッションを正しく自覚し、戦略の実行に深くコミットして組織目標を達成し、ビジョンを実現するという図式が描かれる必要があるのです。

さらに、上記6つの要素を機能させるには、以下の4つが欠かせません。

- 深い人間理解
- メンバー同士の信頼関係
- 組織の一体感
- 組織の自発性

❖「ミドル・ルネッサンス」実現のポイント

組織の力を高めるためには、やはり部・課長クラスのミドル・マネジメント（中間管理職）が主役とならねばなりません。組織遂行力の向上もチームワークの実現も、結局のところ現場のミドルの力量にかかっているからです。

それでは、これから必要とされる「ミドルの復権」や「ミドル・ルネッサンス」を実現していくためには、何がポイントとなるでしょうか？

1. チーム・マネジメントの基本を知る

まずは、マネジメントの基礎としてのミドルの役割認識の徹底です。「そんなこと職場を預かる管理者なら誰でもみんなわかっている」と思われる方も多いでしょう。しかし、いろいろな企業の実際をみてみると、この基本が理解されていない場合が実に多いのです。

あらためてミドルの役割を定義すると、次のようになります。

- 担当部門の戦略を策定する
- 限られた経営資源を適正配分する
- 人材を育成し開発する
- 担当部門の組織をつくる
- 組織風土や文化を刷新する
- 日常業務のマネジメントを実践する

このような役割のもと、ミドルに対しては、チーム・マネジメントの基本を理解させることがまず必要です。

さまざまな業務はその特性上、いろいろな業務形態が採用されています。遂行する業務によっては、それにかかる人員や組織形態もさまざまです。組織のフラット化やダウンサイジング（スリム化・簡素化）によって、組織単位自体が大括り化され、従来型の部・課制を採らない企業も増えています。ミドルのマネジメントの対象も、チームや特定のミッションをもったプロジェクトなど最小単位での組織であることが多くなりました。

　成果主義や実力主義が浸透し、組織よりも個人にフォーカスが当てられがちですが、実情は、一定の組織単位やチームでしかできない仕事が大勢を占めています。ミドルとしては、まずこのようなチームのミッションやその構成員の成果責任、評価のあり方などの基本を身につけることが肝要となります。そして、どのように動機づければ部下はやる気を起こすのか、そのメカニズムを究明しておく必要が出てきます。一口に部下といっても、多種多様です。それぞれの部下の「やる気スイッチ」がどのような構造なのかを把握しておくことが、ことのほか重要となってきました。

２．コーチングを実践する

　ミドルとしての役割もさることながら、昨今では、マネジャーではなく、「コーチ」としての役割が重視されてきた点は、瞠目に値するでしょう。

　現場のミドルをさらに一段高いリーダー人材へと進化させていくうえで、そのベーシック・スキルとして最近特に重要視されてきているものにマネジメント・ヒューマン・スキルがあります。これは、「コーチング・スキル」に代表されるように、とりわけ、自分の部下を一段高い人材へと育成していく際に、必要とされる対人関係のなかで発揮されるべきコミュニケーション・スキルです。

　ここでいうコーチングとは、**図表6-3**に示すように「対象者（部下）を勇気づけ、質問によって気づきを与え、本人を主体的に課題に取り組ませることで、問題解決や知識・技能の向上をはかる方法」です。コーチング・スキルが近年求められてきた背景には、自律・主体的な人材を数多く育成するという時代的要請と、目標管理に基づく成果主義があらゆる企業の現場に広く浸透してくるなかで、職場における部下の目標や業務の進捗ぶりを適時・適切に把握し、きめ細かに管理・指導していくために必要とされてきたという

図表6-3　コーチングが機能する仕組み

事情があげられます。

　マネジメントの現場で特にこの種のスキルが求められる具体的な場面は、目標管理制度を運用していくプロセスにおける目標設定面談や中間レビュー面談、評価面談などです。こういった場面では、部下の目標達成へ向けての自主的な活動を促すことが重要となり、そのためには、面談で部下の話を十分聴いたうえで、必要な質問・指導・アドバイスを行い、部下に目標の達成イメージをつくらせ、動機づける必要があるからです。

　職場でコーチングを実践するためには、基本スキルの習得が、いまやすべてのミドルに求められてきています。

３．キャリア開発を支援する

　企業を巡る経営環境がこれまでのように安定的ではなくなると、予定調和的に形成されてきた企業内部でのキャリア形成や昇進・昇格の仕組みにも少なからず影響が出てきます。「キャリアショック」や「モチベーション・クライシス」といった表現が、マスコミ的な扇動以上に真実味をもってくると、ミドルをはじめとした社員一人ひとりの今後のキャリアをどう考えていくかが、一大テーマとなってきます。それは、生涯現役社会の将来像まで見据えて、定年後の働き方まで展望した長期スパンでのキャリア開発です。

　こんなところから、キャリア自律のための支援システムやキャリア・デザイン研修などを採り入れて、自分自身の足元のキャリアをみつめ直し、５年後、10年後を見据え、将来のあるべきキャリアを考えさせる体験研修を積極

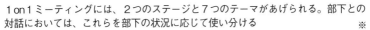

図表6-4　1on1ミーティングで話し合う7つのテーマ

1on1ミーティングには、2つのステージと7つのテーマがあげられる。部下との対話においては、これらを部下の状況に応じて使い分ける

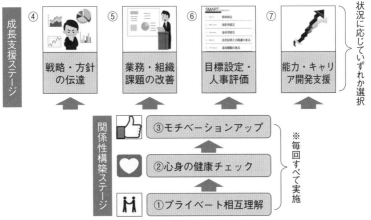

出所：世古詞一『シリコンバレー式　最強の育て方』(かんき出版) をもとに作成

的に実施する企業も増えてきました。これは、自己の「気づき」とスキルの棚卸し、環境変化の理解、短期のアクションプランの作成などを通じて、キャリア開発を促していくところに特徴があります。

　このようなキャリア形成に対する取り組みは、だいぶ定着してきています。それは、「他律・依存的」な人事管理から「自律・主体的」な人材マネジメントへのシフトであり、企業に預けっぱなしだったキャリア形成主体を個人の側に取り戻す行為でもあるのです。

　とはいっても、すぐに自分のこれからのキャリアを正しく描けないで困っている社員はたくさんいます。現場を預かるミドルは、これら社員のキャリア開発を支援する機会と場所を意図的に用意する必要が出てきます。このようなスキル開発も、先に触れたマネジメント上のヒューマン・スキルの重要なファクターの一つとなりました。

　昨今では、その役割を担うのが、上司と部下の間で定期的に行われる1on1ミーティングの場となりつつあります。1on1ミーティングで話されるテーマは、**図表6-4**のような内容となりますが、最近では、このなかで

も能力開発やキャリア開発支援に関するテーマが、特に重要性をもつように
なっています。

❖職場を壊す「20の悪い癖」

　その役割の重要性が増す上司の立場ですが、どんな上司にでもいくつかの
悪い癖はあるものです。

　部下がやる気をなくす上司の行動特性は、「リーダーが抱える20の悪い癖」
として、次のようにまとめられています。これは、コーチングの第一人者で
あるマーシャル・ゴールドスミスが『コーチングの神様が教える「できる
人」の法則』（日本経済新聞出版）のなかで指摘しているものです（本文60
～62頁）。

- 極度の負けず嫌い（何を犠牲にしても、どんな状況でも、まったく重要
　でない場合でも、勝ちたいと思う気持ち）
- 何かひとこと価値をつけ加えようとする（どんなことにもちょっと口出
　ししたいという強い欲望）
- 善し悪しの判断を下す（他人を評価して、自分の基準を他人に押し付け
　ようとする気持ち）
- 人を傷つける破壊的コメントをする（不要な皮肉や痛烈なコメントをする）
- 「いや」「しかし」「でも」で文章を始める（これらの否定的・限定的な
　言葉を使いすぎる）
- 自分がいかに賢いかを話す（他人が考える以上に私は賢いんだとみせた
　い欲望）
- 腹を立てているときに話す（感情的な興奮を経営ツールとして利用する）
- 否定、もしくは「うまくいくわけないよ。その理由はね」と言う（頼ま
　れもしないのに否定的な考えを吹き込む）
- 情報を教えない（優位な立場を保つために、情報を他人と共有しようと
　しない）
- きちんと他人を認めない（賞賛し褒賞を与えることができない）
- 他人の手柄を横取りする（成功に対する自分の貢献度を過大評価するい
　ちばんいやな手口）

- 言い訳をする（不愉快な行動を、変えることのできない生まれつきのものとして片付け、他人がしかたないと思うようにさせる）
- 過去にしがみつく（自分の過去の出来事や人のせいにする。自分以外のすべてのせいにする）
- えこひいきする（誰かを不公平に扱っていることに気づかない）
- すまなかったという気持ちを表わさない（自分の行動に責任を取らない、間違いを認めない）
- 人の話を聞かない（職場の人に対して敬意を払わない、もっとも受動攻撃的な形）
- 感謝の気持ちを表わさない（非常に基本的な悪いマナー）
- 八つ当たりする（罪のない人を攻撃したいという誤った欲望）
- 責任回避する（自分以外の人みんなを責める）
- 「私はこうなんだ」と言いすぎる（欠点をまるで長所のようにほめそやす。それが自分なんだと主張する）

以上の悪癖について、読者のみなさんは、どのくらい当てはまったでしょうか？　人は誰でも常に自重自戒し、内省する姿勢が必要とされるのです。

❖ 「信」無くば立たず

「信無くば立たず」という言葉があります。『論語』に依拠するものですが、「信頼」というものは、そもそも社会存立の基礎であり、もし仮にこれが失われたら社会は崩壊するしかなくなってしまいます。ひょっとしたら、いまほど「信頼」の2文字が重みを増している時代はないといってもよいかもしれません。

　最近よく指摘される日本企業におけるエンゲージメント（組織に対する貢献意欲）の低さや、職場における1on1ミーティングの機能不全の原因として、この信頼関係の欠如が指摘される場合が多いのも、このような文脈のなかで理解できるような気がします。

　政治学者のフランシス・フクヤマは『「信」無くば立たず』（三笠書房）を著わし、そのなかで、企業と国家繁栄のカギを握るキーワードとして「高信頼社会」を説き、信頼関係の低い「低信頼社会」と一線を画して述べていま

す。信頼とは、組織やコミュニティの構成員が共有する規範に基づいて規則を守り、誠実かつ協力的に行動する際に、その基礎として共有するべき期待です。したがって、この信頼がある程度社会に行き渡っていなければ、そもそも協力関係など生まれるはずもありません。人間関係の原点に立ち返ってみても、結局誰かと協力しようと考えれば、そのベースに信頼がなければ、人間関係自体が成立しないということです。

　日本は、もともと共有する文化的・社会的背景や情報量が多い「ハイコンテクスト文化」の国だといわれています。価値観の多様化がいわれながらも、感覚的にはいまなお均質性の高い文化や社会を有する国であるという見方のほうが確かにしっくりときます。折からのグローバル化の影響で、最近ではそのような背景を共有できない「ローコンテクスト文化」の国々とのつき合いに苦慮する場面も増えてはいますが、お互いが信頼のもとに協働できる環境は、他の国々よりも従来から備わっていたと考えるべきでしょう。

　このような自分たちがもともともっているアドバンテージ（優位性）を理解して、組織における生産性を高める努力が必要なのだと思います。

❖人のつながりを再構築する

　ここまでみてきたように、「人のつながり」や「信頼」、あるいは「絆」といった価値観が再評価され始めていることは、見逃すことができない重要な変化です。

　組織における良好な人間関係は、会社業績を後押しする効果が期待できます。しかし、人間関係の必要性が低いIT関連業務の拡大や終身雇用慣行の見直し、非正規労働者の増加などで、職場の人間関係が希薄になりつつあるのも事実です。社内でのコミュニケーションが不十分と考えている社員も増え、同僚との仕事以外のつき合いを希望しながらも、なかなか望むようなつき合いができていない現実が浮き彫りにされたりすることもあります。

　これらに対する対策としては、職場でのつながりを再構築するための交流の場を広げたり、非正規社員も含めた能力開発の機会を増やしたりするなど、環境整備の必要があるでしょう。

　近年の人間関係希薄化の傾向を助長した一因に、成果主義人事のトレンド

があったことは事実です。終身雇用や年功賃金がもたらした日本的経営のひずみ是正のため、組織から個人へと視点をシフトさせ、個の自律や個の確立が叫ばれてきました。「ヒューマン・キャピタル」（人的資本）としての個人に焦点を当て、個を重視するトレンドから、こうした動きは容易に理解できます。また、成果主義自体も、集団的パフォーマンスより個々人のパフォーマンスにフォーカスする点が確かに強く出ていました。

　しかし、行き過ぎた集団主義もよくありませんが、過剰なまでの個人主義もまた考えものです。昨今の一連の動きは、このようにいっとき個人の側に振りすぎた振り子を、少し組織寄りに修正する動きだと解釈することができるでしょう。

　よく考えてみれば、これまでの日本企業の奇跡に近い高成長は、何も一握りのハイパフォーマー（高業績者）のエリート集団がもたらした功績ではありません。むしろ自分たちのおかれた立場で、自分たちのやるべきことをただ粛々と実行した、ごく普通の人たちによる集団的努力の賜物なのです。つまり、普通の人たちの"愚直な精神"に支えられた組織的大成功だったといえるのです。

　人々の社会的な関係性やネットワークがもたらす価値を意味する「ソーシャル・キャピタル」も確かに重要です。個人は、いうまでもなく単体でのみ存在しうるものではなく、組織や社会との関係性のなかでその価値を発揮できるものです。

　ソーシャル・キャピタルを直訳すれば「社会資本」となりますが、道路や空港などのように目に見える資本のことではなく、一般的には「社会関係資本」や「市民社会資本」と訳され、信頼や社会規範、相互扶助などのネットワークを形成し、そのなかでの人間関係において精神的な絆を強める「見えざる資本」のことをいいます。ハーバード大学の政治学者ロバート・パットナムや社会学者ジェームズ・コールマンなどがその熱心な提唱者として知られています。

　これまでのような企業対社員、組織対個人といった狭い視野で物事を判断するのではなく、個人を主体として他者や外界との関係性のなかに価値を見出していくところに、ソーシャル・キャピタルの可能性があります。少なく

とも、そのベースには「相互信頼」や「相互支援」の精神が脈々と流れているということです。

　ここで出てくる重要なキーワードに「ヒューマン・モーメント」（人間的な接触の瞬間）があります（ウェイン・ベーカー『ソーシャル・キャピタル』ダイヤモンド社）。本当の意味での直接的な人と人との交流がはかられるということです。もちろん中長期的にみれば、これが企業競争力の実現に大きく寄与するはずです。ソーシャル・キャピタルの究極の目的は、「豊かな社会」の構築を通じた「豊かな人生」の実現にほかなりません。そのために、企業としてまたは社会として何ができるのか、その長期戦略が問われているのです。

　人の絆の大切さは、ソーシャル・キャピタルが明らかに不足している現在の日本企業だからこそ、これからとても重要な概念になるように思われてならないのです。

❖ティール組織、ホラクラシー組織の可能性

　組織論的な視点から最近注目を集めているものに、ティール組織があります。これは、フレデリック・ラルーの『ティール組織』（英治出版）によって一躍有名になりました。

　ティール（Teal）とは「青緑」を表わす言葉で、ラルーは新しい組織のあり方を象徴する色として用いています。組織モデルは、原始的なものから徐々に進化してゆき、もっとも発展した形を象徴する色としてティールが選ばれています。組織モデルの発展段階についてまとめると、**図表6-5**のようになります。図表の下から上へと進化していくイメージです。

　これまでの人類の組織モデルは、力と恐怖によって統制する「レッド」（衝動型）から始まり、教会や軍隊のように集団の規律・規範によって階層構造をつくる「アンバー」（順応型）、多国籍企業をはじめ現代の企業の多くが採用している「オレンジ」（達成型）、多様性と平等と文化を重視するコミュニティ型組織の「グリーン」（多元型）と、段階的に発達してきました。そして、いまわれわれが当面しつつあるのが「ティール」（進化型）というわけです。ティールは、生命が生まれる海の色で、グリーンがさらに進

図表6-5　5つの組織モデル

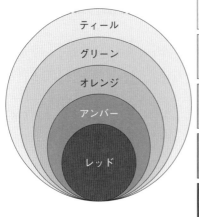

ティール （進化型）	変化の激しい時代における生命体型組織の時代へ。自主経営（セルフマネジメント）、全体性（ホールネス）、存在目的を重視する独自の慣行
グリーン （多元型）	多様性と平等と文化を重視するコミュニティ型組織の時代へ。ボトムアップの意思決定。多数のステークホルダー
オレンジ （達成型）	科学技術の発展と、イノベーション、起業家精神の時代へ。「命令と統制」から「予測と統制」。実力主義の誕生。効率的で複雑な階層組織。多国籍企業
アンバー （順応型）	部族社会から農業、国家、文明、官僚制の時代へ。時間の流れによる因果関係を理解し、計画が可能に。規則、規律、規範による階層構造の誕生。教会や軍隊
レッド （衝動型）	組織生活の最初の形態、数百人数万人の規模へ。力、恐怖による支配。マフィア、ギャングなど。自他の区分、単純な因果関係の理解により分業が成立

出所：フレデリック・ラルー『ティール組織』（英治出版）より作成

化したもの。上司と部下といったピラミッド状の序列のない自律的な組織です。組織の目的も、そこに集まったメンバーにより進化し、メンバーの生きがいをサポートする・しあう組織ということになります。

『ティール組織』のなかでは、具体的な事例として、オランダの訪問医療組織ビュートゾルフや、アメリカのeコマース企業ザッポス、あるいはパタゴニアやモーニングスターなども取り上げられています。日本企業では、オズビジョンという会社の事例が紹介されています。ちなみに、このような整理の仕方は、ケン・ウィルバーの「インテグラル理論」がベースになっているといわれています。

　一方、ホラクラシー組織と呼ばれるものもあります。典型例としては、先ほどのザッポスがあげられます。自由な働き方が話題となることが多い会社ですが、階層構造をなくす「ホラクラシー」（Holacracy）の先進的な取り組みでも有名です。ホラクラシーは、上下関係をつくらず組織全体に権限を分散させて意思決定を行い、自走する組織をつくるための手法であり、ティール組織の1形態と考えられています。

❖ティール組織の３つの特徴

　ティール組織は細かな部分では多様性をもっていますが、共通点として次の３つの特徴のいずれか、あるいはすべてを備えています。

１．自主経営（セルフ・マネジメント）

　文字どおり上司の指示を受けて行動するのではなく、一人ひとりが自分の判断で行動し成果を上げるやり方です。階層やコンセンサスに頼ることなく、同僚との関係性のなかで働くシステムといえます。

２．全体性（ホールネス）

　グーグル（Google）が奇しくも社内プロジェクトで実証して話題となった「心理的安全性」（Psychological Safety）の確保にも通じる観点です。従来型組織では、人は評価の対象であるため、意識する・しないにかかわらず組織が期待している役割を演じようとするあまり、本来の自分の能力や個性を明らかにしないということがあります。そうではなく、個人のありのまま（全体）を尊重し、受け入れることを重視するというのがティール組織です。誰もが本来の自分で職場にくることができ、同僚や組織、社会との一体感をもてるような風土や慣行があることが重要となります。

３．存在目的（エボリューショナリー・パーパス）

　組織全体が何のために存在し、将来どの方向に向かうのかを常に追求し続ける姿勢をもつことです。会社のビジョンや事業、サービスは、その担い手である社員の意思でどんどん進化させる。常に現実に目を向けてファイン・チューニングを続けることで、組織としての存在目的を陳腐化させない効果があります。

❖「対話」の重要性をあらためて認識する

　これら３つの特徴を前提とすると、重要となってくるのが「対話」（ダイアローグ）です。メンバー間で適時・適切にアドバイスをする、個を認め尊重する、耳を傾ける。これらは、いずれも上司が一方的に部下に指示するコミュニケーション・スタイルでは成立しにくいもの。つまり、ティール組織への進化は、マネジメント変革であるとともに、コミュニケーション変革でもあるのです。

ティール組織では、特定の人に権力や権限が集中しないからこそ、会話の中身にも変化が生じてきます。対話を重視するコミュニケーションは、相手が自ら考え決断するプロセスに伴走する、いわばコーチングのようなものです。そうであるなら、一気に抜本的な組織構造改革に大きく舵を切ることはできなくとも、コミュニケーションのスタイルを変えることで、漸進的にティール組織に近づくことはできるでしょう。

　現実的には、役職を廃止してピラミッド型の階層構造をフラット化することは、かなりハードルが高い場合もあります。しかし、部下に考える余地を残すことで、セルフ・マネジメントの足掛かりにはなるでしょう。あるいは、会社のビジョンを社員主導で変えるのはむずかしくとも、部門・部署ごとの小単位組織で自部門・自部署の存在意義を議論し、みんなでビジョンをつくることはできるかもしれません。部下から積極的にスピーク・アップすることに慣れていない場合でも、上司が自ら自己開示して話しやすい雰囲気づくりをすることは可能です。

　ティール組織はまだ固定化されておらず、進化の途上であると考えられます。したがって、あるべき進化形に向けて、試行錯誤を続ける意味はあるでしょう。重要なことは、上司が自ら変わること。自らがコミュニケーション・スタイルを対話型に変え、率先して部下に権限委譲していくことへの覚悟が、未来型組織への進化に求められているということです。

　組織に関して、ここまで縷々述べてきました。しかし、組織力の向上に奇策はありません。基本に忠実に実行するだけです。

【さらに学びを深めるための参考文献】
世古詞一『シリコンバレー式 最強の育て方』かんき出版、2017年
マーシャル・ゴールドスミスほか『コーチングの神様が教える「できる人」の法則』日本経済新聞出版、2007年
フランシス・フクヤマ『「信」無くば立たず』三笠書房、1996年
ウェイン・ベーカー『ソーシャル・キャピタル』ダイヤモンド社、2001年
フレデリック・ラルー『ティール組織』英治出版、2018年
ケン・ウィルバー『インテグラル理論』日本能率協会マネジメントセンター、2019年
デヴィッド・ボーム『ダイアローグ』英治出版、2007年

第7章
パフォーマンス・マネジメントとコンピテンシー

❖経営戦略の実現と個人の自己実現の同時達成

　第4章で触れたように、人事は、経営と連動し戦略の実現のために資するものかどうかが問われるようになっています。経営と現場を結びつけるために、人事制度の戦略的活用が求められるようになりました。それは具体的には、経営戦略や事業計画から導かれる部門や個人の業務目標達成のための制度か否かということです。

　経営と現場を結びつける重要な仕組みに目標管理制度（MBO）があります。目標管理を戦略・計画実現のためのマネジメント・ツールとして再定義し、貢献度に応じた処遇が実現できる制度とするためには、目標管理指標および評価の仕組み、制度運用ルールの検討が必要となります。

　目標管理に基づく成果・業績評価については、各社員の目標の達成度を評価の対象とします。成果・業績評価を行うにあたり、目標管理制度を整備し、組織業績との連動性を加味し、目標に基づく現場レベルの業務推進が可能な仕組みを整備します。目標管理を有効に機能させるために、組織目標を各社員へ明示し、目標の下方展開をはかり、有機的な「目標の連鎖」を実現することが特に重要です。

　ここで気をつけなければならないのが、「経営の視点」だけに偏重しないことです。戦略を実現するためにも、個々の社員の価値観を尊重し、求められる「ミッション」（期待役割）を明確にして、「社員の視点」から彼らが人事に何を求めているかを常に念頭におきながら、それを基軸とした統一性ある人事制度を構築することにより、初めて「経営戦略の実現」と「個人の自己実現」を同時に達成するものとなります。ダイバーシティ（多様性）が重視される今日であれば、なおのことこの視点が重要となってきます。

　それでは、人事評価の本来的な目的とは何でしょうか。**図表7-1**に示すように、人事評価の目的の一つに報酬への反映があります。報酬は給与や賞与

図表7-1　人事評価の本来の目的

〔人事評価〕　報酬（基本給、賞与、インセンティブなど）の決定
　　　　　　　昇格・異動配置の決定
　　　　　　　個人の強み・弱みを明らかにして、育成・成長を促す
〔そのためには〕　管理者（評価者）の資質とスキルの向上

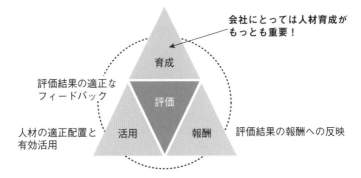

であり、人が働く目的として、短期的には給料を稼ぐということがありますから、これは確かに重要な目的です。また、人間誰しも得手・不得手がありますから、それを明らかにしたうえで適材適所をはかり適正配置が考慮されて、人材の活用に活かされたりもするでしょう。しかし、最近では、もう少し中長期的な視点を重視して、人事評価を人材育成に戦略的に活用しようとする動きが顕著となってきています。

　人事評価の人材育成機能は、管理者（評価者）の重要な役割の一つであり、評価制度を正しく運用することは、管理者（評価者）の重要な役割とみなされるようになりました。管理者が人材を育てようとする場合には、特別なことをするよりも、まず評価制度を正しく運用することにより人を育てるという認識が特に重要な時代となっています。

❖パフォーマンス・マネジメントを実践する

「パフォーマンス・マネジメント」という言葉を、最近よく耳にするようになりました。欧米の企業では、ごく当たり前に使っている言葉です。直訳すれば「業績管理」となりますから、「何だ、業績評価のことか…」と思われる方も多いかと思います。しかし、欧米企業でパフォーマンス・マネジメン

図表7-2　パフォーマンス・マネジメントのサイクル

「パフォーマンス」と「モチベーション」の２つのサイクルの統合が重要

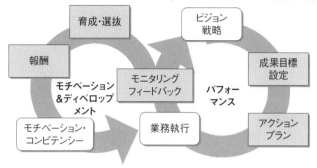

トという場合、イコール「人事評価」の意味合いで使われていることがほとんどです。

　評価を通じて、評価を受ける側の社員（被評価者）の強み・弱みを明らかにし、それをもとに、強みはさらに伸ばし弱みは補強していくことで、中長期的な時間軸のなかで人は成長します。評価結果をフィードバックし、適正に本人に気づかせることも重要です。評価結果の気づきが次のアクションに結びつき、適正な行動をとることで個人は成長し、その結果として組織の発展や会社の成長につながるのです。

　パフォーマンス・マネジメントは、**図表7-2**のように「成果創出に関するマネジメント」と「個人の能力とモチベーションの向上に関するマネジメント」を組み合わせたものと整理することもできます。

　右側のパフォーマンスのサイクルは、ビジョン・戦略を展開して成果目標を設定し、アクションプランに基づいて実際に職務を遂行します。結果としてのパフォーマンスと職務遂行プロセスにおける行動や発揮能力（コンピテンシー）を評価し、本人にフィードバックするとともに、次の戦略プランニングにつなげていく。これがパフォーマンスのサイクルです。

　一方、モチベーション＆ディベロップメントのサイクルは、パフォーマンスの対価として受け取る金銭的・非金銭的報酬や行動面の評価、フィードバックによる人材の育成・選抜によって、個人のモチベーションと能力向上をめざします。

この２つのサイクルの良循環をさまざまな仕組みと運用によって実現していくのがパフォーマンス・マネジメントであり、パフォーマンス・マネジメントは、社員のパフォーマンスから生み出された貢献を組織の業績向上に結びつけ、単に評価で順位をつけることから脱却して必要なときに有意義なフィードバックを行い、社員のパフォーマンス改善とモチベーション向上につなげていくものと位置づけられています。

❖OKRは目標管理の新たな流れ

　目標管理にも新たな流れが出てきています。それがOKRです。OKRとは目標設定・管理手法の一つで、Objectives and Key Results（目標と主要な結果）の略称です。インテルで誕生し、GoogleやFacebook、LinkedInなどのシリコンバレーの有名企業が取り入れていることで、一躍有名になりました。日本企業では、メルカリなどが導入しています。

　OKRの特徴は、従来の目標設定手法に比べて高い頻度で設定・追跡・再評価することにあります。また、OKRのゴールはすべての社員が同じ方向を向き、明確な優先順位をもち、一定のペースで計画を遂行することとされ

図表7-3　OKR（Objectives and Key Results=「目標」と「主要な結果」）に基づく目標管理

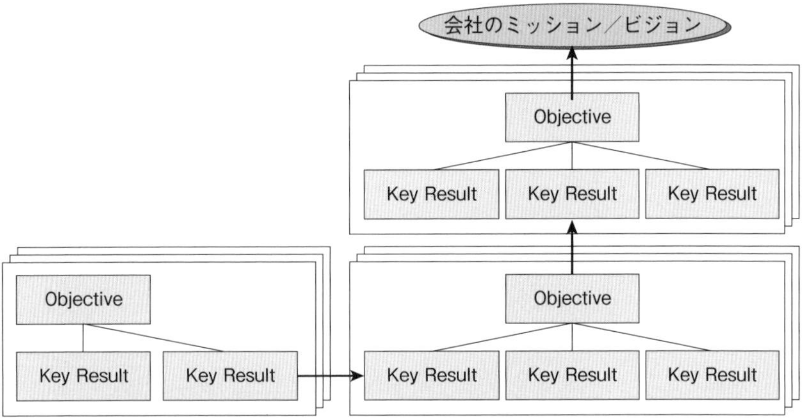

```
会社のミッション／ビジョン
        ↑
     Objective
  Key Result / Key Result / Key Result

  Objective                    Objective
Key Result / Key Result   Key Result / Key Result / Key Result
```

注：１）Objectivesとはゴールのことで、定性的な目標を設定する
　　２）Key Resultsは成功要因のことで、期日のある定量的な指標を選ぶ

ています。

　通常のMBO（Management by Objectives）であれば、目標は100％達成が基準（標準評価）となるような指標を設定しますが、OKRの場合、60〜70％達成でよしとする高いレベルでの目標設定を推奨しています。時に、「ムーン・ショット」（月に届くほどの大きな一打）と「ルーフ・ショット」（屋根に届く程度の一打）というように目標表現を使い分けながら、本来達成できそうなレベルよりもさらなる高みをめざすことで、通常よりも早く成長を促すという発想が背景にあるのです。

　OKRの場合、達成率を評価には使用しないということが原則としてのルールです。もし評価に反映してしまうと、高いレベルの目標設定がされにくくなる懸念があります。OKRは、そもそも人材育成のためのツールとして開発され活用されてきた経緯があり、評価制度とは一線を画するものというのが原理原則のようです。

　しかし、導入企業の実例をみると、実際には、実質MBOの代用品として活用している企業もあり、その場合には、上述の目標達成度をどう処遇に結びつけるかが課題となっている企業も実在しています。

　OKRの導入については、その仕組みに対する社内的な理解と導入目的に対するコンセンサス形成が重要です。

✣コンピテンシー・モデルの検討

「コンピテンシー」が話題になったのは、1990年代半ばのことです。人材を精鋭化する人事手法として、一躍脚光を浴びました。たとえば、「コンピテンシー給は"Person based pay"であり、"What can do"に支給する賃金である」「職能資格制度の等級格付けが標準者基準の全科目平均点主義であるのに対し、コンピテンシーは優等生基準の選択科目主義である」などといわれたものです。あれから四半世紀が過ぎ、コンピテンシー評価も、多くの企業で導入・普及が進んできています。

　コンピテンシーについてあらためて整理すると、次のとおりです。

　コンピテンシーとは、成果を上げるための資質と能力、そして行動のこと。アメリカ国防総省（ペンタゴン）が、組織のチーム編成をする際に採用

図表7-4　コンピテンシー評価の構成例

新コンピテンシー評価は、「動機」「思考」「行動」別に10の評価項目から構成される

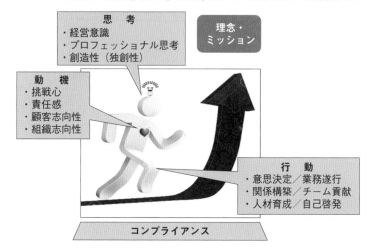

したのが始まりで、ビジネスにおけるコンピテンシーは、職務や役割において効果的で優れた行動に結果的に結びつく個人特性と解釈されます。経営人事や戦略人事を志向する評価基準として、アメリカで人材活用の場に取り入れられたのが始まりといわれ、日本では近年の能力主義や成果主義の導入とともに人事評価の潮流として一般的な概念となりました。

　それまでの人事評価は多くの場合、「協調性」「積極性」「規律性」「責任性」などから構成され、社員の保有・潜在的能力を中心に評価していましたが、単に能力があることが必ずしも成果に結びつくわけではないため、評価と実績、会社への貢献度が相関しないことがありました。一方、コンピテンシーは、能力や資質をベースに、具体的にとられている行動に着目して評価します。会社の経営理念、経営の考え方をもとにその会社が幹部や社員に求める「行動」そのものを明らかにし、的確な人材の採用、育成、評価、処遇に活用する定義がコンピテンシーとなります。

　最近では、企業各社が**図表7-4**のように、自社の経営理念やビジョン、行動規範などを反映させ、社内の業務実態から求められるコンピテンシーを基準化し、自社独自のコンピテンシー・モデルを設定するケースも増えてきま

した。コンピテンシー要素の基準化にあたっては、たとえば次のようなステップで検討されます。

- Step1　各職務に求められる業務のフローを設定
- Step2　業務フローの分析により必要な能力項目を網羅的に抽出
- Step3　知識・スキル・行動特性（思考特性）の視点から、項目を設定
- Step4　それぞれの項目について等級ごとに発揮が求められるレベルを検証

❖ノーレイティングというトレンド

　多くの企業にとってお馴染みの人事評価ですが、これをやめる動きが話題となりました。いわゆるNo Ratings（ノーレイティング）のトレンドです。

　動きがあったのは、アメリカのグローバル企業やプロフェッショナル・サービス・ファーム。有名どころでは、アドビ、GEやマイクロソフト、GAP、アクセンチュア、デロイトなどです。いまやアメリカの企業の3分の1が人事評価をやめてしまったと指摘されているくらいです。具体的には、A、B、Cといった社員のランク付け（レイティング）を行わないこと。そして、年度単位での社員の評価（年次評価）をやめるというものです。

　ノーレイティングに端を発した「パフォーマンス・マネジメント革新」とも呼べる動きは、かなり多様性を帯びてみえます。比較的新しい会社で、社員構成がミレニアル世代中心の企業では、比較的容易に新しい取り組みを展開していました。たとえば、パフォーマンス・マネジメント革新をアグレッシブに取り組んでいる企業では、新しい価値の創造に重きをおき、失敗を恐れずリスクテイクすることや、よりコラボレーティブな働き方への変革をめざしてフィードバックを重視するといった傾向をみせていました。

　たとえば、パタゴニアの取り組みでは、年間の目標設定と四半期のストレッチゴール、リアルタイム・フィードバックとさらに四半期のリフレクションが組み合わされていました。GAPでは、9割の社員が毎月のパフォーマンス・マネジメントのミーティング（Touch Base）を実施し、質の高いフィードバックとパフォーマンスへの効果や学習への効果を実感していました。GEは、このノーレイティングのトレンドのなかで、永年にわ

たって提唱・採用してきた「セッションC」や「9ブロック」を廃止しましたが、これは多くの経営者や人事担当者に少なからぬ衝撃を与えました。

このような新しいパフォーマンス・マネジメントへの取り組みからみえてくるのは、パフォーマンス・マネジメントの担当者がビジネスサイドとコラボレーションして、各社それぞれの状況に合わせてアジャイル（俊敏）にその取り組みを進化させているということです。このような取り組みは、人事部門がリーダーシップを発揮して未来志向の組織へと変革する価値創造のコラボレーションの形ともいえるでしょう。

制度改革の有無にかかわらず、「成果」を上げることと、日々変化する環境に即応して新たな目標を定め、スピーディに対応することが求められることに変わりはありません。人は、自分が成し得たことの達成度合いを確認でき、その貢献が認められることによって成長実感が得られ、それが次なる挑戦へのモチベーションの源泉となるからです。

❖これまでの人事評価の問題点と「心理的安全性」

これまでの人事評価は、社員をレイティング（評価段階付け）やランキング（相対評価）することで、心理的に社員同士の競争心を煽り、個人主義を助長し、エゴイズムを増強してきたという側面がありました。昨今のように、知識労働者が組織の枠を超えてコラボレーションしながらイノベーションを生み出す必要性に迫られている時代には、このようなやり方には限界が出てきているともいわれています。

VUCAの時代には、社員のパフォーマンスをベルカーブ（正規分布）に当てはめること自体が無理であり、社員を「勝ち組」と「負け組」に分けるような仕組みはそぐわなくなってきました。そもそも「信頼」の基盤があってこそ、安心してリスクテイクできる文化が生まれるというものです。近年これは、「心理的安全性」（Psychological Safety）に由来するものといわれ脚光を浴びるようになりました。つまり、「競争」ではなく「共創」を可能にする文化が、これからの企業の競争優位を生み出していくうえで重要との認識が高まってきたわけです。

❖新しい人事評価へのパラダイムシフト

　新しい人事評価（パフォーマンス・マネジメント）への取り組みが求められる背景としては、年次評価を基本とした従来型の目標管理制度では、ビジネスの進化やスピードについていくことがむずかしくなっていることがあげられます。たとえば、旧来のマネジメント手法では、

　　－組織の各メンバーに、事業計画からブレークダウンされた年度・半期の
　　　数値・プロセス目標を定める
　　－その目標の達成に向けて必要なアクションを上司・部下間で合意
　　－目標の達成状況に応じて評価を決定し、処遇へ反映

というプロセスを踏むのが一般的でした。

　しかし現在、このような手法に対しては、次のような問題点が指摘されています。

● ビジネス環境の変化が速く、半年・1年前に立てた目標が実態に合わなくなり、目標に含まれていない突発的な変化への対応が遅れるなどの弊害が生まれる

● 時間が経過してからフィードバックを受けても、部下の納得感が低く、学びにつながらない

● 上司も過去の記憶が定かでなく、部下の納得性の得られない面談になる

● スピード感が欠如し、評価それ自体が自己目的化しがち

　また、近年の脳科学（ニューロサイエンス）の発展とその成果のマネジメント領域への応用の進展も、少なからず影響を与えています。なぜなら、行動の結果に対するフィードバックが効果的な学習につながり、パフォーマンスにつながる行動が定着するためには、行動とフィードバックの間の時間が長すぎると効果がないことがわかってきたからです。年度単位のフィードバックでは、効果が薄いというわけです。

　このあたりから、できるだけ短いタイミングで個別に都度フィードバックを行う、最近の1on1ミーティングへのニーズの高まりが出てきているといえるでしょう。

　ノーレイティングを採用している企業は、年度末の評価実務を廃止した代わりに1on1をうまく活用しています。年度末の評価面談がなくなったと

図表7-5　1 on 1 を加味したパフォーマンス・マネジメントの一例

事業戦略の実行に向けて、個人の行動変革と成長を促し、組織成果を最大化するための総合的なマネジメントのなかで位置づける

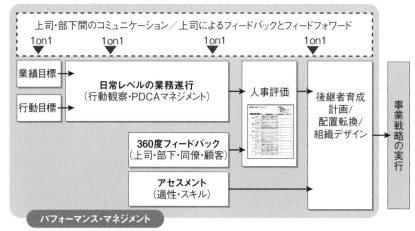

　しても、高頻度で上司とコミュニケーションをとる機会がそのプロセスでもたれれば、部下としても上司が自分をどうみているかは、自ずと理解されるはずです。ノーレイティングを採用していない企業においても、近年の取り組みでは、目標設定や評価面談の不足を補う意味で、その間に1 on 1 を挟むようになりました（**図表7-5**）。

　こうして一連の評価実務の流れに1 on 1 を加味することで、あらためてトータル的にパフォーマンス・マネジメントと呼ぶ企業が現われたり、人材育成の意味合いを色濃く盛り込んで、「評価制度」をあえて「評価育成制度」と読み替えたり、あるいはパフォーマンス・マネジメントに「育成」の概念を込めて「パフォーマンス・ディベロップメント」と改称した企業も現われました。

　これからは面談の意味合いも変わってくるでしょう。これまでの面談におけるコミュニケーションは、会社や上司の都合に合わせて、組織の結果を出すための「情報交換」の場でした。しかし、これからのコミュニケーションは、部下の側に寄り添って、個人にフォーカスした「未来への対話」となっていくはずです。

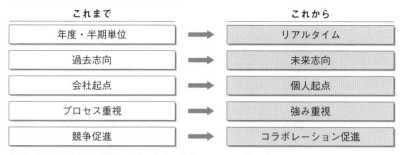

図表7-6　人事評価のパラダイムシフト

これまで		これから
年度・半期単位	➡	リアルタイム
過去志向	➡	未来志向
会社起点	➡	個人起点
プロセス重視	➡	強み重視
競争促進	➡	コラボレーション促進

出所：松丘啓司『人事評価はもういらない』（ファーストプレス）55頁

　このような変化や昨今の1 on 1の流れの背景には、**図表7-6**のような人事評価のパラダイムシフトがあります。その背景には、「全社員一律人事」から個別個々の社員にフォーカスを当てた「1 on 1人事」へのトレンド、人事のパーソナライゼーションへの大きな流れがあるとの理解が重要です。

　これまでの人事評価とこれからの人事評価のパラダイムの違いを、よく理解する必要があるでしょう。

❖未完のパフォーマンス・マネジメント革新に向けて

　これからのマネジャーには、メンバーとのより頻繁なコミュニケーションが求められてきます。メンバーに対して、より臨機応変に環境変化に合わせて動くように促すため、一人ひとりが何をしているか、現在のモチベーション・レベルはどうなのかなどを把握するために、コミュニケーションの量を増やす必要が出てきます。

　時に組織のミッション・ビジョンについて語り合いながら、彼らの熱意と主体性を組織の方向性にマッチさせ、トライアル・アンド・エラーを促して、失敗から積極的に学ぶ姿勢を引き出し、適切なフィードバックとフィードフォワード（将来に向けた適切な指導やアドバイス）を与えることが求められてきます。それは、スポーツ選手が最大限のパフォーマンスを発揮できるようサポートする、コーチやチアリーダー的な役割となるのです。プレイングマネジャーだからは理由になりません。忙しいからできないは、マネジ

メントの放棄です。

　いかに公正で客観的な評価を実現するかは、制度を大きく変えた企業においてもまだ模索段階です。人事評価には、さまざまなアプローチがあり、唯一絶対の正解はありません。制度や仕組みを見直す世界的なトレンドはあるものの、それ自体が絶対解ではないのです。現在の制度や仕組みの何が問題なのかを包括的に分析し、どのような施策の組み合わせが自社の経営ニーズに応えるか、その変革に必要な道筋を見据えて考える必要があります。

　そのために、パフォーマンス・マネジメントあるいはパフォーマンス・ディベロップメントを組織の共通言語として着手してみることに意義はあると考えています。

【さらに学びを深めるための参考文献】
ジョン・ドーアほか『Measure What Matters』日本経済新聞出版、2018年
ピョートル・フェリクス・グジバチ『成長企業はなぜ、OKRを使うのか？』ソシム、2019年
松丘啓司『人事評価はもういらない』ファーストプレス、2016年
本間浩輔『ヤフーの1on1』ダイヤモンド社、2017年
久野和禎『いつも結果を出す部下に育てるフィードフォワード』フォレスト出版、2018年

第8章
ナレッジマネジメントと「学習する組織」の実践

❖人材開発の本来的な意味

　人材開発とは何かをあらためて記すと、当該企業あるいは組織の経営戦略や業績向上の実現のために、所属する組織構成員（社員）に対して、業務上（OJT）あるいは業務を離れて（Off-JT）、業務遂行上必要とされる能力やスキルの向上機会を与え、定期的にレビュー（評価）し、その伸長度を測る行為です。

　たとえば、人材開発において常に一歩先をいくGEの場合、経営戦略と人事を融合し、組織におけるオペレーションメカニズムにより、人材育成と業績・変革との同時達成にものの見事に成功している企業の代表例といえます。これまでも、GEバリューなど社員が共有する価値観をベースに戦略を共有し、それを各自の目標へ展開して社員のコミットメントを求め、オペレーションメカニズムを通じたエクセキューション（実行）を果たし、その結果に対する評価とコーチングを実施してきました。必要に応じてストレッチし、「セッションＣ」などの評価プロセスを通じて年間の業績を集約し、企業戦略や事業戦略の課題を人事戦略に展開してきました。

　時代の変化によって、このセッションＣなどの評価慣行を廃止してノーレイティングへと移行し、現在ではパフォーマンス・ディベロップメント（PD）に基づく新たな評価制度の運用を行っていることは、前章でも触れたとおりです。ちなみにGEでは、これまでの「GE Values」を「GE beliefs」へと見直しを行っています。

【GE beliefs】
  - Customers Determine Our Success：お客様に選ばれる存在であり続ける
  - Stay Learn to Go Fast：より速く、だからシンプルに
  - Learn and Adapt to Win：試すことで学び、勝利につなげる
  - Empower and inspire Each other：信頼して任せ、互いに高め合う

‑ Deliver Results in an Uncertain World：どんな環境でも、勝ちにこだわる

（熊谷昭彦『GE変化の経営』ダイヤモンド社）

　また、トヨタ自動車もトヨタウェイのもと、生産システムと人的システム
を結びつけたリーン経営モデルのなかで、人材育成を実践しています。自社
にふさわしい人材を集め、トレーニングを通じて育て、仕事のなかでトヨタ
標準を学ばせて、必要に応じて標準を改善し、問題解決をはかっています。
働くなかでチームとの一体感も学ばせ、教育を通じて成功を分かち合い、会
社との一体感を醸成します。これをPDCAのマネジメント・サイクルのなか
で実行して、企業と人材の競争優位の確保と長期的な共存共栄をめざしてい
ます（ジェフリー・K・ライカーほか『トヨタ経営大全① 人材開発（上）』
日経BP）。

　人材開発や人材育成は、このように個人の学びもさることながら、それを
組織レベルの学びに昇華して、組織知として結集させていくことが求められ
てきます。そのための取り組みや仕掛けが重要なのです。近年、組織におけ
る「ナレッジの共有」や「学習する組織」のコンセプトが重視される理由が
ここにあります。

❖ナレッジマネジメントが必要とされる背景

　企業や組織のなかには、これまでの業務経験のなかで得られた知識（ナ
レッジ）や知見、独自のノウハウなどが蓄積されています。それは組織資産
として存在するものもあれば、そこで働く社員が仕事を通じて独自に獲得し
た技術やスキル、ノウハウの形で属人的に保有されている場合もあります。

　ナレッジマネジメントとは、このような形で企業や社員が組織内で保有し
ている知識や経験、独自ノウハウや技術、顧客情報などを組織的に共有し、
企業競争力の向上・強化に役立てようとする経営手法です。

　一般的に、組織が成長し事業規模が大きくなると、重要情報や必要情報が
偏在して、その所在がわからなくなったり、情報共有がむずかしくなったり
して、機会損失や業務上の障害が発生しやすくなります。そのため、これら
の情報をいかに一元管理して共有するかが、企業価値を高めるうえでも重要
と判断されるようになりました。

このナレッジマネジメント自体は、決して新しい経営手法ではなく、これまでも多くの日本企業がさまざまな形で採り入れてきているものです。しかし、時代の流れとともに従来型のナレッジマネジメントでは不十分な状況となり、ナレッジマネジメントの手法自体をアップグレードする必要に迫られてきているというのが実情です。特に、終身雇用を前提とした日本型雇用モデルも変革を余儀なくされ、人材の流動化が顕著な昨今、個人の知識や経験などの情報が組織に蓄積されにくくなり、新たなナレッジマネジメントが必要とされる要因となりました。

　一方で、グローバル・サプライチェーンなどのインフラの発達と人口減少による内需の縮小により、海外に活路や販路を求めてビジネス社会が急速にグローバル化している現状があります。また、IT技術の進歩は、よりスピードを求めるようになり、事業の複雑化が増しています。そのため、従来のナレッジマネジメントでは、大規模化した組織においては情報共有がむずかしくなってきました。これらの要因により、デジタル化時代のナレッジマネジメントの再構築が注目されるようになったのです。

❖ナレッジマネジメントを理解するための基礎理論

　ナレッジマネジメントを理解するうえで避けては通れない理論的支柱としては、世界唯一の知の創造理論と評される野中郁次郎の「SECI（セキ）モデル」があります（野中郁次郎・竹内弘高『知識創造企業』東洋経済新報社）。

　知識創造理論では、まず「知識」を「形式知」と「暗黙知」に分けて理解します。ここで形式知とは、文書や口頭で伝達できるレベルにまで明示化された知識のことであり、暗黙知は、経験や体験を通じて個人のなかに蓄積されているノウハウを意味します。SECIモデルにおいては、この形式知と暗黙知の変換モードを理解する必要があります（図表8-1）。

- 共同化（Socialization）：共有体験などにより暗黙知を共有することで、組織文化が大きな影響を与える。ここでは、暗黙知を所有する個人が別の個人と暗黙知を共有することになり、学習手法としてはOJTが有効
- 表出化（Externalization）：暗黙知を形式知化（言語化）すること。個人

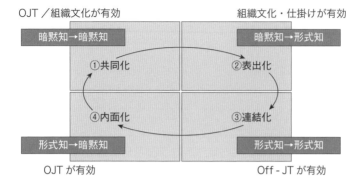

図表8-1 ナレッジマネジメントと人材開発

OJT ／組織文化が有効　　　　　　　　　　組織文化・仕掛けが有効

暗黙知→暗黙知	暗黙知→形式知
①共同化	②表出化
④内面化	③連結化
形式知→暗黙知	形式知→形式知

OJT が有効　　　　　　　　　　　　　　　Off - JT が有効

間の暗黙知を対話や思索、メタファーなどを活用して、集団における形式
知に換えること

- 連結化（Combination）：集団レベルの形式知同士を組み合わせ、整理・
  体系化すること。IT技術との親和性高い。形式知のトランスファーの手
  法としてはOff-JTが有効
- 内面化（Internalization）：組織レベルの形式知を実践し、新たに生み出
  した暗黙知を組織・集団・個人のレベルにまで落として体得すること。学
  習手法としてはOJTが有効

SECIモデルで想定されている世界はほぼすべて、AI（人工知能）ではで
きない領域であることから「これからが野中理論の時代である」と指摘する
識者もいるほどです（入山章栄『世界標準の経営理論』ダイヤモンド社）。

❖ナレッジマネジメント戦略と人材開発戦略の融合

企業を取り巻く環境変化は、ますますスピードを増しています。若手社員
の能力開発はこれまで以上にスピードアップが求められ、中堅以上の社員に
は新たな分野の能力開発が必要とされるケースも増えてきました。重要性を
増す人材開発のニーズに対応するためには、ナレッジマネジメントの考え方
を応用し、人材開発プランを見直すことが有効です。実際の施策は、簡単な
ものから高度なものまでさまざまですが、自社に適したレベルから取り組む
ことが肝要です。

図表8-2　人材開発戦略とナレッジマネジメント戦略の融合

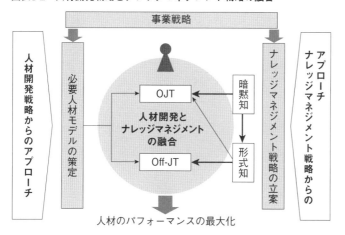

実際、ナレッジマネジメントと人材開発とは親和性が高いと考えられます。それは、どちらも企業活動のなかで人材を最大限に活用することを目的としているからです。ナレッジマネジメントの実践によって体系化され高度化された「知」を、効果的に人材開発に結びつけることで、大きなシナジーが生まれます。その実現のためには、それぞれの施策が企業のめざす戦略へと確実に適合している必要性があります。

現実的には、ナレッジマネジメントと人材開発それぞれについての計画立案や実行は、異なる部署や担当者によって推進されているケースが多いでしょう。したがって、それぞれ何のためのナレッジマネジメントなのか、何のための人材開発なのか、首尾一貫した戦略に結びつけてこそ最大のシナジー効果が期待できるというものです。すなわち**図表8-2**のような人材開発戦略とナレッジマネジメント戦略の融合が重要となってきます。

❖「学習する組織」への転換

「学習する組織」（Learning Organization）は、1970年代にハーバード大学教授クリス・アージリスによって提唱された概念を、マサチューセッツ工科大学の経営学者ピーター・M・センゲが、1990年にあらためて提唱した概念

です。ピーター・M・センゲは、1990年に“The Fifth Discipline”（邦訳『最強組織の法則』徳間書店）を出版し、一躍注目を集めました。その中核となる考え方が「学習する組織」です。

　学習する組織とは、「目的に向けて効果的に行動するために、集団としての意識と能力を継続的に高め、伸ばし続ける組織」と定義されます。組織として持続可能なパフォーマンスを維持・向上させるための概念であり、変化の激しい企業社会で組織が持続的な発展を遂げるための成長戦略と位置づけられます。

　その中核となる考え方に、東日本大震災の際にもキーワード的に話題となった「レジリエンス」（Resilience）があります。「回復力」「復元力」「しなやかな強さ」などと訳されますが、学習する組織は、このレジリエンスという要素を組織内で育み、しなやかに進化し続ける組織だといえます。進化し続ける組織には、激しい環境変化のもとでもバランスを保ち、環境に適応し、能動的に学んで自らを変革させる「自己組織化」することのできる特性が備わっています。

❖ 3つの力、5つのディシプリン

　組織の学習能力の向上は、レジリエンスを高めるための最大の源泉となります。そのため学習する組織は、チームの学習能力の向上を主眼におきます。チームの学習能力を支えるのが「3つの力」と「5つのディシプリン」です。

　3つの力とは、

　－志を育成する力：自己マスタリー、共有ビジョン

　－複雑性を理解する力：システム思考

　－共創的に対話する力：メンタルモデル、チーム学習

です。これらは学習する組織の重要な目的となりますが、具体的な学習する組織を構築するためには、次の5つのディシプリン（学習領域）が必要となります（**図表8-3**）。

1．自己マスタリー

　われわれ個人がビジョンを明確にし、自らの仕事や役割を創造的に広げて

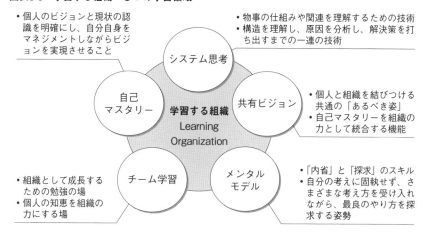

出所：P.M.Senge, *"The Fifth Discipline Fieldbook"* の図に加筆

いく取り組みのことで、自らの成長のために継続的に活動し持続的に学習することを指しています。

２．共有ビジョン

　組織を構成するメンバーが共有するビジョンのことで、私という個人のビジョンではなく、私たちが創り出そうとするチームの共通ビジョン、組織全体で深く共有される目標や価値観、使命となります。

３．システム思考

　人間の活動やさまざまな事象を相互に関連するシステムとしてとらえる概念です。物事を単体としてみるのではなく相互の関連や関係性に着目し、静的ではなく動的に、断片的ではなく全体的に変化を把握するものです。

４．メンタルモデル

　個々の組織メンバーの奥底にある固定化されたイメージやマインドのことです。メンタルモデルは個々の奥深い心に存在しているため、周囲からはとらえにくいもので、時には本人でさえも無意識的に認識できていないこともあります。「氷山モデル」でいえば、システム思考における最深部がこのメンタルモデルであり、ここから目にみえる「出来事」に至るまでの構造や行

動を生み出しています。そのため、個人あるいは組織の変革や成長は、この
メンタルモデルを変化させることがきわめて重要となります。

5．チーム学習

　ビジョンを共有したチームが協働して学び合うことです。複雑化する環境
のなかで成長していくためには、個人の成長だけでは不十分で、チームによ
る成長が必要となります。そのため、チームで探求、考察、内省を行うこと
で自分たちの意識と能力を共同で高めるプロセスの実践が重要となります。
学習する組織は、個人では果たしきれない成長をも可能とするものなのです。

　以上のような取り組みのなかで、組織は学習し成長していくわけですが、
学習する組織の実践のためには、この３つの力と５つのディシプリンをそれ
ぞれ単独に扱うのではなく、統合的に活用することが重要となります。この
どれ１つ欠けても成立しないということです。

❖新たな現実を生み出す「U理論」（Theory U）

　マサチューセッツ工科大学スローン校の経営学部上級講師、C・オッ
トー・シャーマー博士によって提唱された、新たな現実を生み出すためのU
理論が最近、注目されています（C・オットー・シャーマー『U理論』英治
出版）。過去の延長線上にない変容やイノベーションを、個人、ペア（１対
１）、チーム、組織やコミュニティ、社会などで起こすための原理と実践手
法を明示した理論といわれ、「過去からの学習」ではなく「出現する未来か
らの学習」という新たな観点を提示しているところに特徴があります。結論
に至るまでのプロセスがUの字に似ていることから、U理論と名づけられた
もので、図表8-4からもわかるように、以下の７つのフィールド（領域）か
ら構成されています。

● ダウンローディング（Downloading）：経験によって構築された過去の枠
　組みを再生産する形で、既存の思考や行動パターンが反応的に繰り返され
　ている状態

● 観る（Seeing）：過去の枠組みを覆す情報に注意が向けられていて、頭の
　なかで起きている雑念に意識を奪われることなく、目の前の事象や状況、
　情報に意識が向けられている状態

図表8-4　U理論（Theory U）

	ダウンローティング 過去のパターン		実践する 全体性から機能する
評価・判断 の声	**保留** 新しい目で **観る**	_開かれた思考_	**実体化** **プロトタイピング** 頭と心と手をつなげて 新しいものを生み出す
皮肉・あきらめ の声	**視座の転換** 場から **感じ取る**	_開かれた心_	**具現化** **結晶化する** ビジョンと意図
恐れの声	**手放す**	_開かれた意思_	**迎え入れる**
		プレゼンシング 源につながる	

「私」とは何者か？　私の「成すこと」とは何か？

出所：PICJ ホームページ（http://www.presencingcomjapan.org/utheory/）より引用

- 感じ取る（Sensing）：相手の気持ちや状況が自分のことのように感じ取れ、過去の経験によって培われた枠組みが崩壊し、枠組みを超えた側からいまの自分や状況がみえている状態

- プレゼンシング（Presencing）：Sensing（感じ取る）とPresence（存在）の混成語。過去のパターンへの執着や変化への恐れを手放し、場から出現する「何か」を迎え入れ、身を委ねる状態。最高の未来の可能性の源とつながり、それをいまに持ち込むこと

- 結晶化する（Crystallizing）：未来の最高の可能性からビジョンと意図を明らかにする状態。知と自己のより深い場から創出したいことを具体的な言葉で表現すること

- プロトタイピング（Prototyping）：行動し、実験することによって未来を探索すること。手の感覚を頼りに、何かしら形を与えたところからどんどん周囲のフィードバックを得て、試行錯誤の質を高め、出現する未来を現実化すること

- 実践する（Performing）：出現する未来から生まれ出たインスピレーションから、プロトタイピングを通して形を成してきたものを実際に世の中に提供すること

U理論はイノベーションを創出するだけでなく、組織変革などにも役立ちます。たとえば、組織変革や企業風土の改革など抜本的な変革を起こす場合、これまで当たり前と思われてきたことや、最善とされてきた既存ルールを根本から見直す必要が出てきます。この既存ルールは「暗黙のルール」であり、これを変革するにはさまざまな反発や抵抗が予想され、決して容易なものではありません。上記7つのフィールドでは、この「暗黙のルール」に対して組織の内外からのアプローチが可能であり、組織変革にドライブをかけることができるのです。

　組織変革や企業風土の改革、社員の意識改革というテーマに対して、U理論で感じ取ったアイディアやインスピレーションなどをもとにプロトタイプ化し、実践していくことがポイントです。組織変革や社員の意識改革において、前例のない施策を断行して劇的に組織を変えたという事例は数多くあります。これらの事例は、完璧につくり上げた施策を実行したことで功を奏したというよりも、不完全ながらも実行し、試行錯誤を経たうえで完成形へと実体化させていった結果といえます。

　U理論から導き出される解決策は、出現する未来からの学習によりもたらされます。したがって、完成度にこだわらず新たな方法や習慣のプロトタイプ化を迅速に行い、トライアル・アンド・エラーで実践していくことに意味があるのです。

❖トランザクティブ・メモリー―最新の組織学習の概念

　「トランザクティブ・メモリー」（Transactive Memory）は1980年代半ばにハーバード大学の社会心理学者ダニエル・ウェグナーが提唱した組織学習に関する概念です。日本語では「交換記憶」あるいは「対人交流的記憶」「越境する記憶」などと訳され、世界の組織学習研究では、きわめて重要なコンセプトと位置づけられています。

　そこでは、組織の学習効果やパフォーマンスを高めるために重要なことは、「組織のメンバー全員が同じことを知っている」ことではなく、「組織のメンバーが『他のメンバーの誰が何を知っているか』を知っておくことである」とされています。英語でいえば、組織の各メンバーが"What"ではな

く、"Who knows What" を重視し共有している状態を指します（入山章栄
『ビジネススクールでは学べない世界最先端の経営学』日経BP）。
　「組織の学習力を高めるには、タバコ部屋が欠かせない」とはよく指摘され
るところですが、最近の完全禁煙の世界的風潮のなかでは、確かにこのあた
りは機能的に弱まっているのかもしれません。その意味で、「日本企業は、
トランザクティブ・メモリーを失っている」との指摘にも頷けるところがあ
ります。

【さらに学びを深めるための参考文献】
熊谷昭彦『GE変化の経営』ダイヤモンド社、2016年
ジェフリー・K・ライカーほか『トヨタ経営大全① 人材開発（上）』日経BP、2007年
野中郁次郎、竹内弘高『知識創造企業』東洋経済新報社、1996年
入山章栄『世界標準の経営理論』ダイヤモンド社、2019年
ピーター・M・センゲ『最強組織の法則』徳間書店、1995年
ピーター・M・センゲ『学習する組織』英治出版、2011年
C・オットー・シャーマー『U理論』英治出版、2010年
入山章栄『ビジネススクールでは学べない世界最先端の経営学』日経BP、2015年

第9章
モチベーション・マネジメントと人材開発

❖諸派乱立するモチベーション理論

　やる気、モチベーション、ES（Employee Satisfaction；従業員満足）、コミットメントに加え、最近ではエンゲージメントやEX（Employee Experience；従業員体験）まで、働く社員がどのような状態で仕事や組織と向き合っているかを突きとめる理論や考え方については、諸派乱立、百花繚乱の感があります。

　社員のやる気やモチベーションの状況についてにわかに関心が高まったのは、2017年に米ギャラップ社が発表した「エンゲージメント・サーベイ」の結果あたりからだと記憶しています。このときの発表によると、日本の社員のエンゲージメントのレベルは、調査対象国139ヵ国中132位。熱意あふれる社員は全体の6％しかおらず、かなりのインパクトを与えました。これを起点に、社員のエンゲージメントのスコア・レベルやエンゲージメント向上策がにわかに話題となりました。

　さまざまな理論のどれに依拠するかは、その時点での判断によりますが、重要なことはいま現在、自社で働く社員の実態がどうなっているのか。また、それが何に起因するものなのかをきちんと分析・究明し、それに対する的確な施策や打ち手を検討して実施するということです。そのためには、真の原因究明のための組織調査の手法を確立して定期的に実施することが要請されます。最近では、ピープル・アナリティクスの領域や、人事のデータサイエンスの重要性が指摘されるようになりました。今後は人事部門といえども、必要最小限、統計解析に関する造詣を深めていく必要性を痛感しています。

　ここで、コミットメント、エンゲージメント、EXについて簡単に説明しておきます。

　まず、コミットメントとは、「やる気のある主体的なかかわり」のことで

す。かかわるメンバーのコミットメント（やる気・主体性）が高いと、物事はどんどん進み、成果も上がります。そして、コミットメントの高いメンバーと一緒に仕事をしていること自体が、メンバーにとっては喜びや楽しさ、やりがいなどにつながっていきます。何より、コミットメントの高いメンバーで構成されるチームは「強い」し、「楽しい」ということになります。

　一方、エンゲージメントとは、コミュニティ（団体・組織）への愛着のことで、かかわるメンバーのエンゲージメント（愛着）が高いと、組織やコミュニティに温かい雰囲気が生まれます。一人ひとりに、組織やコミュニティを「好きだ」という気持ちがあるため、温かい家族のような雰囲気になり、所属していることに心地よさが生まれます。それは、また「この組織のためなら」「この仲間のためなら」という、自己成長や自己メリットとは違う力が湧き出ることにもつながります。小説「三国志」やマンガ「ONE PIECE」などで、メンバーが「このリーダーのためなら」とか、「この仲間のためなら」と力を発揮するのは、世の真理の一つといえるでしょう。ビジョンやミッションも人を動かしますが、同じくらい愛着も大事ということです。

　これに対してEX（従業員体験）は、比較的新しい概念です。EXは、「従業員の能力や共感を高めるために最適な体験を提供する」（トレイシー・メイレットほか『エンプロイー・エクスペリエンス』キノブックス）ことで、経営活動や人事施策、職場環境のような、仕事において人に影響を及ぼすさまざまな要因によって醸成されるものです。企業の顧客満足度に対して新たにCX（Customer Experience；顧客体験）という概念が生まれたように、企業と従業員を結びつける新たな概念として位置づけられる考え方です。

　このようなところを押さえつつ、次にモチベーションを高めていくうえで何がポイントとなってくるか、順次みていくこととします。

❖「やる気」はどこから生まれるのか？

　仕事の原点に立ち返ってみれば、働く人すべてにとって成果を上げることは「使命」です。したがって、「やる気がない」では、仕事をする姿勢としては失格といわざるをえないでしょう。

しかし、働く人も生身の人間です。やる気がみるみる湧いてくるときもあれば、どうしてもダメなときもあります。そんなときは、なぜやる気が出ないのか、どうしたらやる気が出てくるのか考えてみる必要があります。理屈ではわかっていても、人間には感情があります。やる気が出ないときの自己分析を試みる必要はあるでしょう。

　それでは、やる気のスイッチが"ON"になるのは、どんなときでしょうか。ある会社で「やる気の素」について議論し、自分のやる気がみるみる湧いてくる状態を考えてもらったことがあります。その結果、**図表9-1**のような答えが返ってきました。

　いちばん最初に出てきたのは、「夢を語るとき」でした。これは、素直に理解できます。次は「納得できる評価」です。また「目標が明確」だと、やる気はがぜん高まるとのことでした。それが「達成できた」と感じられると、やる気はもっと高まるでしょう。組織で働いている以上、自分が組織や仕事に「参画している」という感覚も重要です。適度な「忙しさ」も充実感につながります。目標に「チャレンジしている」実感がともなえば、やはりやる気は向上します。また、「自分で選択したことができている」という実感も大切です。

　やる気を高めるためには何が重要かを考える前提として、このような要素・要因を理解しておくことは、個人にとっても重要です。経験が豊富であ

図表9-1　「やる気の素」の構成要素

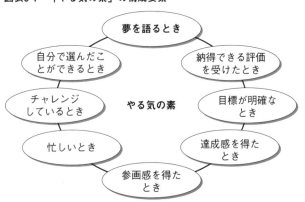

れば、自分のやる気の高め方はわきまえているかもしれません。モチベーションに対する「持論」をもつことの重要性も指摘されています。しかし、働く人すべてがそうであるとは限りません。自分のやる気がどこから生まれるのか、まずは冷静な自己分析からスタートして、自分の「やる気」の源を確認してみるところから始めましょう。

✧やる気は成果の大いなる源

やる気を高める秘訣の一つは、「集中する」ことです。

仕事に集中していると、時として自覚している以上にみえない力が働いている気がしてきます。「全身全霊のときのみ神意が働く」という言葉があるくらいですから、まさに集中するということです。「気持ちを込めて仕事をする」という心の状態が重要です。しかし、これはただいたずらにハイテンションで仕事をしろということではありません。むしろ、芸術家が精神を統一して自分の作品に対峙するのと同じように、どんなに忙しくとも心静かに澄んだ眼差しで仕事にあたるということです。ある意味、やる気は「高い志」や「心の豊かさ」とも関係します。そのような働きぶりの人が、結果的にはいちばん仕事が早いものです。

仕事をしていてうれしいと思うのは、どんなときでしょうか。たとえば、地味で目立たない仕事だと思っていても、あるとき上司からその仕事を認められる。「人がみていないところでも、君はよく頑張っているね。そういう努力が必ず実を結ぶんだ。期待しているから、これからも頑張れ！」と言われたらどうでしょう。きっととてもうれしくなって、大きな励みや自信につながります。「また明日も頑張るぞ！」とやる気が湧いてくることでしょう。

自分が役に立っていると思えることを心理学者のアルバート・バンデューラは「自己効力感」と表現しました。人は、自己効力感を得るときに、やる気を感じるものなのです。

では、仕事における「成果」とは、どのように表現できるでしょうか。もっともシンプルな公式として、「成果＝能力×やる気」で表わすことができます。つまり、個人が達成する成果とは、その人の能力とやる気の掛け算で決まるということです。いっとき流行った「成果主義」は、本人の発揮し

た能力と成果結果で評価しようと試みました。しかし、その後の試行錯誤を経験するなかで、やる気の重要性が再認識されたのです。いまでは多くの人の関心は、このやる気に向けられているといっても過言ではありません。やる気のメカニズムを知ることが、成果につながる近道であり、「自分は役に立っている」と心から思える仕事をすることがポイントです。

❖やる気はコントロールできる

「人間ならば誰にでも、現実のすべてがみえるわけではない。多くの人はみたいと思う現実しかみていない」

ユリウス・カエサルの言葉です。多くの同じものをみているはずなのに、人は自分に興味のあるもの、関心のあるもの、自分が意識したものを選びとってみているだけなのは、2000年以上の昔もいまも変わりません。

だから、やる気をコントロールするには、自分の心のスクリーンに自分が見続けたいものを映し続けることが大切です。周囲にいる多くの人たちが、自分とは違った意見、違った思いをもっていて、時には、そんな人たちにストレスを感じることもあるでしょう。しかし、ものの見方を変えることで、ストレスもうまくコントロールできるはずです。

最近あった偶然を思い出してください。「セレンディピティ」という言葉もありますが、それは、あなたが関心をもっているからこそ、たまたま起きた偶然です。関心がなければ、おそらくそんな偶然は起こらなかったことでしょう。関心をもち続けることで、やる気もコントロールできるのです。大切なことは、起きてほしいという思いをずっと心にもち続けることです。

鏡に映る自分を、あなたは嫌いでしょうか？　好きでしょうか？　人にみられる自分は、鏡に映る自分です。実際に鏡を眺めて、自分の目を見つめてください。集中しているとき、やる気がみなぎっているときは、自分の目に「力」を感じるはずです。鏡のなかの自分にやる気を出させることも、時には必要です。

アップル創業者のスティーブ・ジョブズは、毎朝鏡をみながら、「もし今日が人生最後の日だったら、今日やろうとしていることは本当にやりたいことなのか？」と自問自答しました。もし、そのときの答えが「No！」な

ら、きっと何かを変える必要があると彼は言っています。「この程度でいい」と思ったら、とたんにそこで進歩は止まります。終着点が重要なのではなく、そのプロセスで、どれだけ楽しいことをやり遂げているかが重要なのです。

　このように考えて日々の仕事に取り組むことで、やる気もうまくコントロールできるようになっていきます。自分の頭のなかに「望むイメージ」を描けるか、言い換えると、やる気をうまくコントロールできるかがポイントです。そのためにも、以下を心に留めて自問自答してください。

　－いつも自分のみたいものをみている
　－自分と他人とは、基本的に違って当たり前だと理解している
　－関心をもち続けることで偶然を引き寄せている
　－鏡に映る自分が好きである
　－鏡のなかの自分に元気を与えている
　－今日やろうとしていることを本当にやりたいことにしている

✧人はどんなときに馬力が出るか―やる気の構造①

　アメリカの臨床心理学者フレデリック・ハーズバーグは人間の仕事に対する欲求を２つの要因に整理しました。一つは「動機づけ要因」（Motivators）で、人は人として成長し自己実現を果たしたいとする欲求です。もう一つは「衛生要因」（Hygiene Factors）で、人は意欲を減退させるような不快なものを回避したいとする欲求です。これは、「動機づけ・衛生理論」あるいは「２要因理論」と呼ばれています。

　動機づけ要因の構成要素は、仕事における達成感や承認、仕事そのもの、責任と権限のあり方、昇進などの処遇に関するもの、つまり　仕事をやり遂げたいという思いや、それを上司に褒められたり同僚に認められたりすること、それらを通じて仕事そのものに魅力を感じることなどです。これらは、仕事に関する「意欲要因」と言い換えることができます。

　一方、衛生要因としては、会社の経営方針やマネジメントのあり方、給与や人間関係、職場風土など、主として仕事に関する「環境要因」と位置づけることができるでしょう。

ここで、人のやる気に影響を及ぼすのは、達成や承認、責任と権限などの動機づけ要因となります。人が積極的に仕事に取り組むためには、衛生要因が満たされるだけでは不十分で、動機づけや意欲要因が刺激される必要があるのです。つまり、それが「馬力の素」になっていきます。

　この理論を裏づけるようなエピソードを紹介しましょう。ある会社で、「やる気が出るとき・出ないとき」というディスカッションをしました。そこでは、「やる気が出るとき」とは多くの場合、自分の仕事が、上司や顧客などの誰かに認められ、自分の思いや考えが叶ったときにみられる傾向が強かったのです。仕事を通じた成長実感も見落とすことができない重要な要素です。人は、仕事に動機づけられるとき、がぜん馬力が出るようです。自分の心のなかにある「動機づけ要因」に着目してみましょう。

❖人はどんなときに落ち込むか―やる気の構造②

　組織で働く者の常として人は、「やるべきこと」（MUST：義務・責任）、「やりたいこと」（WILL：欲求）、「やれること」（CAN：能力））の３つの要素の狭間で悩んでいます（図表9-2）。少し説明を加えましょう。

　組織のなかで働く誰しもに、配属されている職場やおかれた立場、職位などとの関係で、組織が自分に要請してくる仕事があります。これは、組織上の義務や責任として全うしなければならない役割やミッションです。しかし、実際に働く本人の本音からすれば、その組織のなかで本来的にやりたい

図表9-2　モチベーションの高さを左右するメカニズム

３つの輪の重なりを大きくする〔WILL／CAN／MUST で考える〕

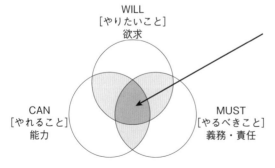

３つの輪が重なる部分が多いほどモチベーションが高くなる

重なり合う部分に本人のエネルギーを集中させたり、重なり合う部分が広がるようなアドバイスや方向づけを行うのがリーダーの仕事

仕事や職務が別のところにあるケースも多々あります。また、その一方で、自分の現在の能力レベルからすれば、実際にやれることには限りがあります。この三者の間でのせめぎ合いに悩む人たちは、実際に多いことと思います。

このような現実に直面し、実際に凹んでいる職場の同僚やメンバーが、周囲にもきっといることと思います。ひょっとしたらそれは、あなた自身かもしれません。自助努力としてできることは、たとえていうなら、この3つの輪の重なりができるだけ大きくなるように、日々研鑽に励むことです。

上司や職場のリーダーのミッションは、この3つの輪の重なりができるだけ大きくなるように、メンバーたちのエネルギーをそれに集中させ、重なる部分が広がるようなアドバイスや仕事の指示に配慮することです。実際に、部下のモチベーションの高さが組織を前進させるエネルギーとなりますから、それに対して好影響を与えるようなリーダーの日々の言動がとても重要なポイントとなってきます。

ここに、モチベーション・リーダーの存在意義が出てきます。

先ほどの事例の続きになりますが、やる気が出ないときの阻害要因は、実は上司の存在がひときわ大きかったことが印象的でした。上司の部下に対する仕事の依頼の仕方や、部下の仕事の成果に対する上司からの評価、上司の日頃からの姿勢などが、微妙に部下のやる気に負の影響を与えているケースが多くみられました。

昔から、上司と部下の関係は永遠のテーマといわれています。上司とうまくやっていけているかが、部下のやる気に大きくかかわってくるのです。

❖「上司と合わない」場合はどうするか

サラリーマン生活の定説に「部下は上司を選べない」があります。最近では、360度フィードバック・サーベイのように部下が上司を評価したり、異動希望を出して他の職場に移ったりということが実際に行われていますから、これもあまり運命論的にとらえる必要はなくなってきました。しかし、現実問題として、いまでも「合わない上司に悩む部下」という構図は、多くの職場でみられます。

異動前の職場では、上司はいつも自分のことを気遣ってくれていた。何となくウマが合う理想の上司だった。しかし、いまの上司ときたら、まったく話がかみ合わない。そもそも考え方が違う。価値観が違う。言葉を交わそうにも、自分の発言が理解されない。場合によっては、誤解されてしまう。こんな経験は、少なからず誰にもあるでしょう。日本の古典文学でも「すさまじきものは宮仕え」と言われていたくらいです。

　こんなとき、どうすべきでしょうか？

　まず、みなが思い描くような理想の組織（上司・部下・同僚の人間関係）などありえない、という現実を受け入れましょう。「そんなネガティブなことでいいのか！」とお叱りを受けそうですが、理想に現実が追いついていないのが世の中ですから、まずは組織論や上司論のリアリズムとして、このような冷徹な事実をわきまえることです。

　そこから次に、希望の一歩を踏み出しましょう！　たとえば、組織はもともと何か共通する目標を達成するために存在しています。だから、その目標を達成するためには、どんな上司であれ、協力しながら達成するという誘因が働きます。次に、いろいろな人がいるということは、人の考えや価値観は違っていて当たり前という理解が必要なのです。ダイバーシティ（多様性）に着目しましょう！

　そうなると、合わない上司とうまくつき合っていくためには、「ボス・マネジメント」の心得が必要です。まずは、お互い協力して達成すべき目標は何かを確認します。次に、お互いの強みや弱みを把握し合って、できれば相互補完的に働いていくことができるかどうかを見極めましょう。往々にして上司は、部下よりも高い目標をもっています。それを達成していくために、自分が必要であることを理解してもらえたらベストです。

　このような一連の取り組みのなかで、上司の意外な一面を知ることもあるでしょう。仕事という「絆」で結ばれた上司は、時にはかけがえのない存在となります。以下は、上司をマネジメントするための重要項目です。

　－上司の目標や強み・弱みを確認する

　－自分自身の目標や強み・弱みを把握する

　－上司のワークスタイルと自分のそれとを比較する

- 上司と自分で相互に期待しているものを確認する
- 一緒に働いていくための信頼と誠実さがあるかどうかを見極める
- もしどうしてもダメなら、異動の機会を自らつくる

❖「やる気が持続しない」ときの対処法

　人のやる気は気まぐれで、ふっと湧いたかと思うとスーッと引いてしまうこともあります。最初はやる気満々で仕事を始めても、やる気が長く続かないこともままあります。このような場合、いくつかの理由が考えられます。

　ポジティブ心理学の泰斗マーティン・セリグマンは、「学習性無力感」という現象を解明しました。学習性無力感とは、自分がどれだけ努力しても結果に結びつかないという経験を長く続けると、人は「結局、何をやっても無理」という教訓めいたものを学んでしまい、無気力を感じてやる気を失うというものです。また、意欲をもって仕事に取り組んでも、達成すべき目標が不明瞭でゴールがみえなければ、本人は、どこまで頑張ったらよいかわからないため、やる気が長く続かないという事態に陥ります。

　やる気が持続しないのは、本人の性格というよりも、これまでの経験がもたらす思考の枠や癖の存在がある場合が多いのです。このような点は、ぜひ押さえておきましょう。

　それでは、諦めずに頑張るためには、どんなことが必要でしょうか。これには３つのポイントがあげられます。

　第１に、目標の達成に向けた強い動機があることです。そのためには、目標は多少困難でも、めざすべきゴールが明確である必要があります。目標が明確であれば、目標達成に向けた動機づけ要因が働き、それが持続していくはずです。第２に、その目標の達成に向けて、上司や同僚など周囲からの期待があり、その期待をきちんと認識しているということです。要するに、「自分は期待されている」と感じることで、やる気はがぜん高まります。第３に、行動と結果の随伴性です。つまり、「この行動をとれば、必ずこういう結果がついてくる」という確かな自信がもてることです。このためには、成功パターンを学習するプロセスが必要となります。

　この３つの要素が継続することで、小さな成功体験が積み重なり、やがて

大きな成果につながります。この一連のプロセスから「諦めずに頑張る」という
いうポジティブ思考が生まれます。諦めずに頑張り続けることが、大きな成
果への第一歩となるはずです。

❖高い目標をもつ－自らやる気を高めるアクション①

　いまあなたは、どんな仕事に取り組んでいますか？　その目標は、明確な
ものでしょうか？

　多くの企業では、すでに仕事の成果や業績を測定するツールとして目標管
理制度（MBO）を導入しています。現実を直視すれば、まだまだ自分の目
標を明確に認識できていない人もいますが、働く多くの人が何らかの形で目
標をもちながら日々仕事をしているのが実情です。

　自らやる気を高めるアクションとしては、まずは「高い目標」をもつこと
です。そのためには、仕事に対する「志」が高くなければなりません。ま
た、自分の将来的なキャリアに対する大きな「夢」の存在も必要です。

　目標のいかんによって、人のやる気は左右されます。これは、とても重要
なポイントです。

　目標は、困難であればあるほど、またそれが明瞭であればあるほど、個人
のパフォーマンスややる気が高まると言ったのは、アメリカの組織心理学者
エドウィン・A・ロックでした。これは、「目標設定理論」と呼ばれていま
す（図表9-3）。

　目標が困難であればあるほど、人は目標達成のために工夫や努力をしま
す。また、やるべき仕事の意義や目的が明確で目標が具体的であれば、なぜ
その仕事をするのか、それをどのようにやるかに知恵を絞るようになります。

　これを自分の日常業務に置き換えて実践してみましょう。いま目の前にあ
る目標は、何のためにやるかを考えてみてください。そして、その目標を達
成するためには、どのくらいの時間が必要なのか、スケジュールを決めま
しょう。スケジュールを決めて取り組み始めたら、要所、要所で進捗を確認
します。多少目標がきつくても、途中でいろいろな障害が起こっても、確実
に目標に近づいているという実感がもてれば、やる気は持続できるはずで
す。そして同時に、パフォーマンスも向上していくものです。

図表9-3　目標設定理論の活用

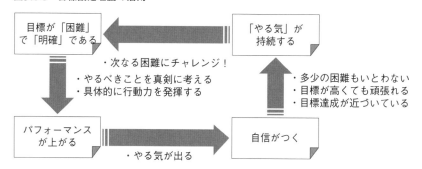

　仕事のなかで、自分なりの「マイルストーン」（道標）を設定してみましょう。

❖結果を期待する―自らやる気を高めるアクション②

　あなたが仕事を続けているのは、いったいどういう理由からでしょうか。マズローの「欲求5段階説」を引き合いに出すまでもなく、人それぞれに理由があります。本当に生活のために仕方なく仕事をしている人（生理的欲求）もいれば、会社や上司から認めてもらいたいからという人（承認欲求）もいます。もちろん、仕事を通じて何かを成し遂げたいとの思い（自己実現欲求）があるかもしれません。その結果に待つものは何でしょうか？

　もしゴールが魅力的で、それがやり方次第で成し遂げられるとの期待があれば、がぜん、やる気は湧いてくるものです。洞窟に眠る金銀財宝を、危険を冒すことなく手に入れられることがわかれば、それをとってやろうという気になるでしょう。

　仕事を成し遂げようとする努力が何らかの形で自分の報酬につながるという「期待」と、その報酬に対する個人的な「魅力」がある場合、人はやる気になるというのが「期待理論」といわれるものです。これは、「やる気=期待×魅力」という簡単な方程式にまとめることができます。心理学者のビクター・ブルームが提唱し、ポーターおよびローラーによって研究が深められました。

ここでいう「期待」も「魅力」も、単純に外から与えられるものではなく、自らつくり出すものです。大切なことは、外からの刺激に対して自分がどう対処するか、あるいはどう処理するかにかかっているということ。言葉を換えれば、インプットに対する自分の捉え方を工夫すれば、アウトプットは大きく変わるということです。

　多くの人は、このインプットをうまくとらえられないから、期待も魅力も高めることができず、結果としてのアウトプットを大きくすることができないのではないでしょうか。根源的な話に立ち返れば、仕事のもつ意味合いや意義、社会的な使命など、大本の解釈ができていなければ、結果は望むべくもないということです。

　これは、仕事に限らずプライベートにおいても、充実した毎日を送るために勇気を与えてくれる考え方だと思います。いつも基本に立ち返って、仕事の意義を考えてみましょう。

❖仕事に没頭する－自らやる気を高めるアクション③

　我を忘れて仕事をした経験はありますか？　仕事に没頭していると、時間の経過が速いものです。ただ、没頭しているといっても、それが納期や顧客からの要請で切羽詰まった余裕のない状態なら、やる気も何もないかもしれません。単なる義務感で、考える余裕もなく多忙な状況のなかで仕事をしている現実もあるでしょう。

　自分のやる気を高めるための望ましい行動は、自分が自ら望んだ仕事に心底没頭して、我を忘れて仕事をすることです。好きな仕事に取り組んで無条件で夢中になり、艱難辛苦ももろともせずに取り組んでいるうちに、これまで苦手としていた仕事ができるようになったり、乗り越えることができないと感じていた業務上の壁が、いつの間にか乗り越えられていたりした経験は、少なからずあったと思います。

　心理学者のミハイ・チクセントミハイは、人は何かに没頭しているとき、能力を最大限に発揮して、パフォーマンスも最大化すると言っています。これは、**図表9-4**に示す「フロー理論」と呼ばれるものです。それは、お金や社会的地位といった外部から与えられるものではなく、人の内面から湧き上

図表9-4　フロー理論のメカニズム

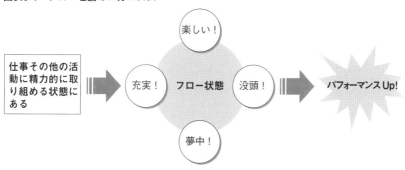

がる充実感であり、達成感、あるいは楽しいと感じる心です。前者を「外発的報酬」、後者を「内発的報酬」と呼ぶ場合もあります。

　多くの人にとって、この内発的報酬が集中力を高め、没頭させ、高揚感をもたらします。

　いま、あなたは、自分の仕事に前向きに取り組んでいるでしょうか？　もし前向きに取り組んでいないなら、自分自身の仕事に対する価値観をもう一度みつめ直してみましょう。自分の身の回りでパワフルに活躍している人たちは、何事にもポジティブにプラス思考で仕事に取り組んでいます。これは、ここで紹介したフロー理論に通じます。

　やる気やパフォーマンスを最大限に引き出せるのは、とりもなおさず自分自身なのです。

❖「輝く人」になるために―やる気チェックシート

　いま太陽は、あなた自身を照らしていますか？

　誰もが「輝く人」になろうと日々努力しています。輝く人になるためには、たくさん笑い、夢をみて、いつも幸せな気持ちでいることが大切です。輝く人になるためには、いつもやる気を持続させる必要があります。なぜなら、輝く人は、あなた自身のなかに必ずいるからです。

　図表9-5は「やる気チェックシート」です。日々の仕事のなかで自分自身のやる気レベルを確認してみてください。「輝く人」は、いつも自分自身のなかにいます。いつもやる気いっぱいで仕事ができることを願っています。

図表9-5 やる気チェックシート

- ❑ 朝さわやかな気分で目覚めることができる
- ❑ 鏡に映る自分は今日も元気だ
- ❑ 自分には叶えたい夢がある
- ❑ 自分はつくづく幸せだと思える
- ❑ 今日やるべき仕事の中身が明確に意識できている
- ❑ 自分の仕事のゴールやアウトプット・イメージがクリアだ
- ❑ いまの仕事や与えられている目標は自分の実力に見合っている
- ❑ いまやろうとしていることは自分が本当にやりたいことである
- ❑ この仕事にやりがいや働きがいを感じている
- ❑ 上司と自分との関係は良好だ
- ❑ 上司のワークスタイルや価値観がよくわかる
- ❑ 自分と違う価値観や考えをもっている上司や同僚ともうまくつき合っている
- ❑ 一緒に働いている仲間は「固い絆」で結ばれている
- ❑ 会社の期待に応えようと考えるだけでやる気がみなぎる
- ❑ もし今日が人生最後の日でも、いまやろうとしていることは本当にやりたいことである

あなたの「やる気」モードは？

★チェックが 11 〜 15 の方
　やる気モード・スイッチ ON！ですね。この調子で自分のやる気を持続させていきましょう。自分の限界に果敢に挑戦して、仕事のクオリティを高めましょう

★チェックが 6 〜 10 の方
　まずまず仕事や生活に意欲をもって取り組んでいますね。どうしたらもっとやる気が出るか、チェックできなかった項目を再点検しましょう

★チェックが 5 以下の方
　だいぶいろいろしがらみに疲れていますね。まずは、阻害要因のいちばん大きなものから除去できるよう努力してみましょう

【さらに学びを深めるための参考文献】

トレイシー・メイレットほか『エンプロイー・エクスペリエンス』キノブックス、2019年

大湾秀雄『日本の人事を科学する』日本経済新聞出版、2017年

入江崇介『人事のためのデータサイエンス』中央経済社、2018年

吉田寿『社員満足の経営』経団連出版、2007年

マーティン・セリグマン『世界でひとつだけの幸せ』アスペクト、2004年

第10章
キャリア自律の必要性と戦略的キャリア開発

❖「幸せなキャリア」を阻害してきたもの

　もし働く人たちの「幸せなキャリア」を阻害してきたものがあったとすれば、それはいったい何でしょうか。

　たとえば、よくあげられるのは、これまでの日本企業特有の経営・人事システムのもつ閉鎖性です。あるいは、社員の自発性を犠牲にした均一性の強要だったかもしれません。経済は相変わらず右肩上がりで成長すると仮定する、大いなるワンパターン発想。終身雇用など実質的にはとうの昔に崩壊しているにもかかわらず、いまだにそれを前提とした企業の社員への過剰関与。これに応えようとする社員の側の企業への過剰適応もありました。「会社とは、サラリーマンとは、しょせんそんなものだよ！」と悟りきったベテラン社員が口にする運命論的価値観の支配。つまり、企業組織という閉ざされたカプセル社会の世界観のなかでの「幸せ価値」が存在していたと思われます。

　そんななかで、「キャリア自律」できない社員が陥る"発想の呪縛"がありました。たとえば、「寄らば大樹」の安定志向。せめて「課長」になればいい。自己のミッションへの自覚の欠如や人生戦略の欠如。給料は「毎月決まって支払われるもの」。だから、会社は当然、社員の面倒をみるべきといった考えの社員も皆無ではありませんでした。自分のキャリアは自分のものと考える「キャリア権」的発想のなさも、不幸を呼んでしまったのかもしれません。そんなところから一時期ささやかれたのが、「キャリアショック」であり「キャリアクライシス」でした。

❖変化に処する個人としてのマインドセット

　現在のような変化の時代には、自己のオリジナルな価値観に重きをおくことが問われてきます。個人と企業との新たな関係を理解することも必要で

図表10-1　1on1におけるキャリア開発支援の位置づけ

アジャイル（俊敏）なマネジメントの必要性とキャリアビジョンの実現支援

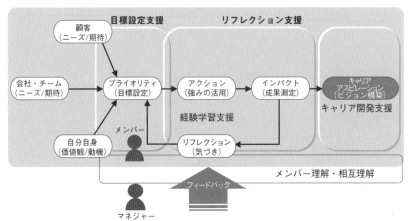

出所：松丘啓司『1on1マネジメント』（ファーストプレス）26〜27頁

しょう。それは、「組織が何をしてくれるか」ではなく、「組織のために何ができるか」を自問する、そんなスタンスと言い換えることができます。あるべきキャリアの形成のためには、惜しみない自己投資を継続する。キャリア自律のためには、「あるがままの人生を受け入れる」のではなく、「あるべき人生のために闘う」とするくらいの姿勢が問われてくるのです。

　もちろん、会社も近年、社員のキャリア自律のための支援策に力を入れてきています。たとえば、職場での1on1ミーティングにおいても、**図表10-1**のような形でキャリア開発支援を行っています。またたとえば、組織の活性化と健全な新陳代謝を促すために、50代層のキャリア・デザインが重要となれば、65歳までの雇用延長やポストオフ後の職務開発も視野に入れ、50代社員のキャリア・デザインを積極的に支援している企業も増えてきました。

　著者がビジネススクールで講義を担当していた頃、人的資源管理論の修士論文に「キャリア」をテーマに取り上げる学生が増えてきたと感じたことがありました。キャリア論ブームというほどでもなかったかもしれませんが、ビジネススクールで人的資源管理論を専攻する学生は、キャリアに対する関心が相当程度高いことがあらためて理解できました。

一定の問題意識をもって仕事を続けながら社会人大学院で学ぶ彼らにとっては、これからのキャリアをどう考えるべきかは、自身にとっても一大事であり、重大事だったのです。だから、組織におけるキャリアについて客観的にとらえられる術を身につけたいと考えるのは無理もありません。講義を担当し始めた初年度のいちばん最初の授業の際に、自分のこれからのキャリアについて真摯に相談をもちかけてきた学生がいたことを、いまでもよく覚えています。

　仕事に携わるすべての人にとっても、キャリアをどうすべきかは切実かつ深遠なテーマです。少なくとも何らかの「戦略性」をもって対処すべき課題であることは事実でしょう。

❖予定調和型キャリア幻想の終焉

　最近よく指摘されるのは、将来を想定して一定のキャリアを描くことには、あまり意味がなくなってきたということです。それを如実に教えてくれたのが東日本大震災であり、新型コロナウイルスの世界的大流行（パンデミック）だったかもしれません。「想定外」という言葉も一時期流行りました。

　もっと大きな視点でとらえると、われわれは人類史上稀にみる歴史的な大転換期に立たされているともいえます。昨日の延長が今日であり、今日の延長が明日であるような、連続性をもった発想で日常生活や自分の仕事のこれからを考えることができなくなってきているからです。「ニューノーマル」（新しい日常）などという言葉に、その真実味の深さを感じます。

　かつて経済大国といわれた日本も、少子高齢・人口減少社会が現実のものとなり、GDP（国内総生産）規模では、世界第2位の座をすでに中国に明け渡しています。これからの縮小経済を前提として、多くの日本企業は、成長余力の高い新興国を中心にグローバル展開を強力に推進しています。世界で闘える人材かどうかが厳しく問われている一方で、日本人の「内向き志向」が取りざたされ、競争を忌避する世代が社会人となってくるタイミングにさしかかり、その対応が課題視されているという現実があります。

　これまで日本企業のお家芸とみなされていた「モノづくり」の世界でも、高い技術力や品質への執拗なこだわりが仇をなし、リプレイス型技術の普及

やデジタル化・モジュール化への対応の遅れなどによって、顧客が真に求める独創的な製品が生み出せず、アップルやサムスンの後塵を拝して、世界市場で劣勢を余儀なくされているのが実情です。

このような状況下では、これまでのような将来を見越した予定調和型のキャリア展望が通用しなくなってしまったといっても言い過ぎではないでしょう。

❖確たるキャリア・ビジョンを描く

しかし、だからといって、これまでのキャリア開発の手法がまったく使い物にならなくなったということではありません。たとえ想定外の変化が待ち受けていようとも、自身がこだわりをもつ確固たるキャリア・ビジョンは必要です。場合によっては、"機をみるに敏"なキャリア・シフトの必要性が生じたとしても、確たる自分のキャリア軸を確立しておくことは重要です。これを図示すると、たとえば**図表10-2**のようになります。

かつてエドガー・シャインが指摘したように、自分自身のキャリアの出発点に潜む「キャリア・アンカー」については十分認識すべきでしょう。キャリア・アンカーとは、個人がキャリア選択をする場合に外すことのできない価値観や欲求のことですが、自分のキャリアに対する考え方にブレない軸が

図表10-2　キャリア・パースペクティブを描く

自分自身のキャリア・アンカー（生涯にわたって追求していく志向性や価値観）を出発点として、キャリア・デザインに基づく仮説検証行動を何度も繰り返し、最終的なキャリア・ビジョンを実現する

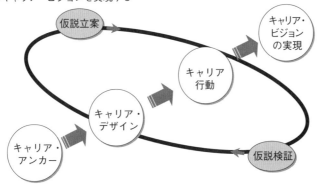

あることは、これからのキャリア戦略にとっては特に重要な意味をもちます。もし仮に、まだ自分自身に不動の軸が定まっていないなら、まずはキャリアの軸探しから始めなければならないでしょう。

このキャリア・アンカーを起点としてキャリア・デザインを考え、自分にとって望ましいと考えられるキャリアについて仮説を立てて検証するという一連のキャリア行動を実践する仮説検証行動を、自分らしい、自分に合ったキャリアに巡り会えるまで何度も繰り返すことになります。もちろん、自分の会社がおかれている経営環境や、自分の職場あるいは仕事を取り巻く環境が変われば、時には機をみるに敏なキャリア・シフトやキャリア・チェンジが必要になる場合もあるでしょう。

ポイントは、足元の変化を敏感に察知して、それに即応したキャリア行動がとれるか否かということです。状況によっては、現在の仕事の中身を進化させたり高度化させたりする必要が出てくるでしょう。場合によっては、新規領域の開拓が求められてくるかもしれません。そのような局面に立たされたときに、その変化にしなやかに対応できるかどうかです。

つまり、よりよいキャリアを考えるということは、よりよい人生を考えるということにほかならないのです。

❖職業人生におけるVSOPモデル

新将命の『伝説の外資トップが説くリーダーの教科書』（ランダムハウス講談社）のなかで触れられているモデルによれば、職業人生や仕事人生は、各年代で４つに区分され、**図表10-3**に示すように、ブランデーの高級品種になぞらえて「VSOP」の頭文字で表現されます。

20代はV（Vitality；活力）です。体力が充実している年代ですから、馬車馬のように働きます。また、とかく試行錯誤はつきものの年代なので、多少の失敗は恐れずがむしゃらに頑張れます。そうすることで、あとの年代で活きてくる仕事の基本や基礎が身についてきます。30代以降に向けた仕事力の充電の時期でもあります。

30代はS（Speciality；専門性）、つまり自分にとっての専門性を確立する時期です。20代に基礎固めができていれば、それを土台として自分の得意技

キャリアづくりのキーワードは次の４つ＋もう１つのP（Philosophy；60代）

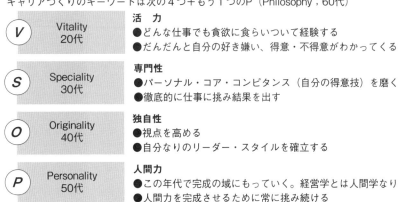

出所：新将命『伝説の外資トップが説くリーダーの教科書』（ランダムハウス講談社）より作成

を自身の強みに転化させます。特定の専門分野で自信がつき、仕事も充実してくる時期でもあるでしょう。30代には、自分の拠って立つ専門性の軸を確立しておきたいところです。

　これを受けて、40代はO（Originality；独自性）、すなわち自分ならではの境地に達する時期です。自分の仕事の核となる専門性のうえで「自分らしさ」を表現できると、他人と比べても競争優位を維持できる蓋然性が高くなります。

　50代はP（Personality；人間力）です。結局のところ、相手が「誰に仕事を依頼するか」「誰と一緒に仕事がしたいか」という選択に対する意思決定をする場合には、仕事を依頼される当該本人の人間力に依存するケースが多いのです。これは、仕事人として生きてきた本人の全人格の勝負ということになってきます。人間力を磨いていくためにも、不断の継続的な努力が重要となります。

　最近のトレンドでもある「人生100年時代」を見据えれば、60歳超の働き方も十分視野に入れる必要が出てきました。だから、これからの時代には、このVSOPモデルにさらに一つ、別の要素を加える必要があるでしょう。職業人生の約40年を経て、仕事力や人間力を極め、人生を極めれば、その後に

ついてくるものは、もう一つのP（Philosophy；哲学）である蓋然性が高いでしょう。仕事に携わる者はすべて、職業人生の集大成として60代においては自身の哲学がもてるよう、日々研鑽に努めるべきということです。この考え方は、三菱UFJリサーチ&コンサルティング時代に中谷巌理事長から得た示唆でした。

　それでも、長い職業人生のなかでは予期せぬ事態が発生します。その場合にどうすべきか。これを次にみていきたいと思います。

❖「偶然」からキャリアを紡ぐ

　人生なんて「棒ほど願って針ほど叶えばそれで御の字だ」といわれます。個人的な経験からすれば、社会人となってかなりの時間が経過しましたが、いまでもやはりそんな思いを強く抱きます。一緒に卒業した同期たちのその後の人生をみても、みなそれぞれに決して平坦な道のりではありませんでした。生き物としての現実の社会とは、かくも巨大でまた時に冷徹なものです。

　著者は現在、所属組織において、主として企業の人事制度改革などを手掛けるコンサルタントとして働いています。いまでこそ仕事柄、講演でのスピーチや各種メディアの取材に答えて、「これからの時代には、明確な自己のキャリア・ビジョンをもつ必要がある」「個人の人生戦略が重要」など、利いた風なことを言わねばならない場面に遭遇します。しかし、自分自身の辿ってきたキャリアを振り返ってみれば、実はそれほどの計画性も緻密さももち合わせてはいなかったと思っています。いま、自分自身が人事を軸としたコンサルタントとして仕事をしているのも、ある意味では結果論。たまたまそうなってしまっただけの話です。

　振り返ってみれば、大きな転機は2回ありました。

　1度目は、大学を卒業して入社した最初の会社で人事部門に配属されたときです。入社時に書いた配属希望には、実は人事は第3希望にすら入っていませんでした。しかし、ある種の運命のいたずらで人事部門に配属され、地方工場で労務管理の仕事をすることになります。就業管理を担当したことから、労働組合の強面の委員長や書記長を相手にするために、泣きそうになりながら必死で労働基準法を学ぶ経験をもちました。また、仕事上必要となる

人事実務を徹底的に勉強させられました。そして２度目の転機が、大学院を経て次の会社に再就職したときです。このときも、実は第１志望でコンサルタントを希望していたわけではありません。しかしここで、前職で身につけた実務知識をベースに、必要に迫られてコンサルティングの手法開発に迫られました。

この２つの転機に共通するのは、どちらも自らが自主的・自律的に選択したわけではなく、立場上必要に迫られてやむなく手掛けてきた結果にすぎないということです。そして、どちらの場合も、誰に教わることもなく、独力で知識を身につけノウハウを開発していかざるをえない状況にありました。この分野において頼れるプロの人材が、当時の自分の周囲にはいなかったからです。いわば孤立無援の状況のなかで仕事をし、さまざまな局面で自己の判断が求められる。「日々、薄氷を踏む思い」という表現がありますが、まさにそんな状況が間断なく続いたのです。

現場のビジネス環境とは常に不完全なものであり、与えられるものではなく自らが創発的に創り出していくものだということを、これまでの体験のなかから痛切に学んだ思いがしています。多少の窮地は何度も経験していますが、必ずといっていいほど火事場の馬鹿力的な頑張りで、最終的には帳尻を合わせてきたというのが、これまでの率直な感想です。

❖プランド・ハプンスタンス・セオリー

こんな自分の経験を裏づけてくれるキャリア理論に、スタンフォード大学のジョン・D・クランボルツ教授が提唱する「プランド・ハプンスタンス・セオリー：Planned Happenstance Theory」（計画的偶発性理論）があります（『その幸運は偶然ではないんです！』ダイヤモンド社）。

クランボルツの理論によれば、変化の激しい時代には、キャリアは予期しない偶然の出来事によってその８割が形成されます。したがって、むしろ現実に起きたことを前向きに受けとめ、そのなかで自分を磨いていくことが重要となります。自分のキャリアを切り開いていくためには、むしろ自分のほうから積極的に仕掛けて予期せぬ出来事をつくり出し、実体験のなかから次の手を打っていく。そんな姿勢が必要ということです。

ここで出てくるキーワードに「オープンマインド」があります。つまり、自分自身も環境も絶えず変化している今日、自分の将来をいま決めるより、積極的にチャンスを模索する。眼前に展開される出来事は、どんなことでも前向きに受けとめ、自分がもっている可能性は無限であると信じて、あれこれやってみるということです。

　このような計画された偶然を実践していくうえで重要とされるのが、次の5つのキーワードとしてあげられます。

- 好奇心（Curiosity）：自分の専門だけにこだわらず、自分の知らない領域にも関心をもつ
- 執着心（Persistence）：いったん始めたら、ある程度の結果が出るまで粘り強く努力する
- 柔軟性（Flexibility）：こだわりを捨て、どんなことにも柔軟に対応する
- 楽観主義（Optimism）：どんなことでもチャンスととらえ、楽観的に受けとめる
- リスクテイク（Risk take）：未知の世界に果敢に挑戦し、積極的にリスクを受け入れる

　つまり、計画された偶然は、上記の行動特性をもつ人に起こりやすいといえます。結果がわからないときでも常に行動を起こし、人生に起きる偶然の出来事を最大限に活用するとする考え方には、個人的にも共感がもてます。

❖「モジョ」（MOJO；前向き思考）の大切さ

　人生において少しでも成功しようと思うなら、「モジョ」（前向き思考）が重要であると説いたのは、マーシャル・ゴールドスミスです（『コーチングの神様が教える「前向き思考」の見つけ方』日本経済新聞）。「モジョ」は、あまり聞き慣れないかもしれませんが、超自然力を信じるブードゥー教に由来する言葉で、いま自分がしていることに前向きな気持ちをもつことであり、それは自分の心の内から始まり外に輝き出るものとされています。

　物事は何でも前向きに考えるほうが望ましい結果につながることは、経験則的にも理解できます。望ましい結果につながらないのは、少しでも「失敗したらどうしよう」「うまくいかないのでは？」と考えてしまうところにあ

るようです。

　では、前向き思考を強めるためには何が必要でしょうか。ここでは次の５つをあげておきます。

- 幸せ：自分の人生を通じて幸せを感じることができているか
- 意義：自分の人生がもたらす結果を意義あるものととらえているか
- 報酬：自分の人生を通じて物質的・精神的な報酬が得られているか
- 学び：自分の人生から何を学び自己の成長に役立つものとしているか
- 感謝：自分の人生に感謝し有意義な時間を過ごしているか

　上記の問いに対して確信がもてるようになるためには、まずは自分自身の「アイデンティティ」を確立しなければなりません。そして、自信のもてる「成果」を上げる必要があります。また、そのような自分に対する周囲の「評価」がともなっていることが必要であり、何よりも人生で変えられることや変えられないことを現実的にとらえ、それを「受け容れる」ことが重要です。

❖上を向いて歩こう！

　いま世界は、パンデミックの克服に性根を据えて取り組まねばならない正念場を迎えています。グローバル・サプライチェーンの崩壊や自国ファーストの動き、新型コロナがもたらす雇用クライシスやニューノーマル（新しい日常）への対応の模索など、国内外にはまだなお不安定要因が残されています。政治に対する信頼の欠如や国内景気の先行き不透明感が、これに拍車をかけています。

　新型コロナと闘う人に向けた「上を向いて歩こう！」といった人心を鼓舞するリレーソングの取り組みなどに対しても、一部に「精神論だけでは、不十分」とする意見はあります。確かに、いまの日本にとっては、具体的な施策や出口戦略に関する議論がなされ、かつ効果が期待できる具体的なアクションがとられることが求められていることに間違いはないでしょう。

　しかし、かつてないほどの国難に直面して、軽々に物事の優先順位がつけにくい状況のなかでは、人の気持ちを高揚させるこの種の取り組みは、やはり意味あるものだと考えます。人は思い込みが重要であり、かつポジティブ

心理学が示唆するとおり、物事に対して前向きに取り組む姿勢が肝要です。

　自分の人生がどうなるかは、誰にもわかりません。ここまで生きてみてさらにこれからを展望するとき、おそらく不確実性がつきまとう将来を自分の身近に引き寄せる絶対的な術などないのかもしれません。しかし変化を確実に予測することは不可能に近いですが、いま起きている変化にしなやかに対応していくことならばできます。そして、成功するかしないかは、ある意味、時の運です。しかしどんな結論が出ようとも、あるべき「明日」のために日々の努力を怠らない。そんな日々の不断の行動から、あるべきキャリアはみえてきます。

❖その道を究める

「僕には愛がない　僕は権力を持たぬ」(楠本憲吉編『村野四郎詩集』白鳳社)。

　これは村野四郎の「体操」という詩の一節です。ロンドン五輪の体操個人総合の最終種目である床の演技で、内村航平選手が爪先までピンと一直線に伸びた肢体でフィニッシュの三回転捻りを決め、金メダルを手中に収めたその瞬間、かなり以前に読んだこの一節が脳裏に浮かびました。着地は一歩だけ乱れましたが、彼がめざす「美しい体操」が十分体現された素晴らしいフィニッシュだったと記憶しています。

　日本人は、元来、「その道を究める」ことが得意です。たとえば、一意専心、現場の擦り合わせ技術に磨きをかけるなど、日本企業がこれまで「モノづくり」の分野で世界をリードしてきたのは、歴史の事実です。

　オリンピックで活躍したアスリートたちも、基本的にストイックであり、孤独であり、求道者です。それぞれの道を究めた結果がメダルにつながっています。日々の鍛錬で研ぎ澄まされた自分の技を刹那の勝負のタイミングに懸けた結果ともいえます。職業人生もまた、かくありたいものだと思います。

　晴れの舞台で一瞬の脚光を浴びるために、人は舞台裏で大量の汗を流す。その成果が問われるのが、たとえばオリンピックの舞台です。努力が結実されたその瞬間に、過去の労苦のすべてが報われたと感じても不思議ではないでしょう。だから、人は歓喜の涙を流します。キャリア開発についても同様です。あらかじめ決められたサクセス・ロードがあるとは思えません。一心

不乱に道を究める姿勢が、まずは厳しく問われてきます。

　しかし、一筋縄ではいかないのがキャリア・マネジメントの現実です。な
ぜなら、長いキャリア人生においては、往々にして想定外のことが実際に起
こるからです。そこで、キャリアを戦略的にマネジメントするという発想が
生まれてきます。

❖戦略的キャリア・マネジメントを実践する

　「戦略的キャリア・マネジメント」の提唱者の一人にペギー・サイモンセン
がいます（“Career Compass”, Davies-Black Pub）。「戦略的キャリア・マネ
ジメント」とは、キャリアの一連の流れを戦略的に計画・実行し、それを体
系的にマネジメントするということです。

　戦略的に自己をマネジメントし、戦略的に自己のキャリアを診断できなけ
ればなりません。自分がもっとも価値をおくことに基づいて意思決定を行
い、長期的なパースペクティブ（見通し）のもと、戦略的なビジョンやあり
たい姿を思い描く。自分のキャリアについて、的確なサポートをしてくれる
コーチやメンター（指導者・助言者）の存在も不可欠です。そのうえで、
キャリアに全体感をもち、長期的・俯瞰的な視点で自己のキャリアをセル
フ・マネジメントしていきます。

　21世紀のキャリア環境は20世紀のそれとはまったく異なるものとなりつつ
あります。それは、会社主導のキャリア形成から自分主体のキャリア・マネ
ジメントへのシフトです。そんな時代にはどうすべきか。戦略的キャリア・
マネジメントにおいては、次の3つのステップに着目します。

- 内側に目を向ける（Looking Inward）：自分にとって大切な価値観やビ
  ジョンは何か？
- 外側に目を向ける（Looking Outward）：自分を取り巻く外部環境がもた
  らす影響は？
- 将来に目を向ける（Looking Forward）：将来的・中長期的に設定すべき
  目標とは何か？

　つまり、自分自身を冷静に自己分析し、おかれた環境の変化を的確に察知
して、将来ビジョンや長期目標を立て、いまやるべきこと、次にやるべきこ

とを順次明確化して実行し、それが果たされれば、また次の長期的な目標に着手する。このような具体的な手順を踏みながらキャリア・ゴールに突き進むことが、戦略的キャリア・マネジメントの基本です。

❖キャリア・チェンジとキャリア・トランジション

　キャリア・マネジメントに戦略的に取り組む場合、まずは「キャリア・デザイン」が重要となります。人生の節目・節目をどうとらえるかは、人によって解釈もさまざまですが、それぞれのキャリアの節目に、当面の将来を見越したキャリア・デザインを考えることは、自分の職業人生の方向感を自律的・主体的に見定めるうえでの大切な作業となります。しかし、すでに指摘したように、キャリアには想定外の出来事がつきものです。自分一人の努力ではどうにもならないことも増えてきます。そこで、そんな場合にはじたばたせずに、あえて「流されてみる」。

「人生は、キャリア・デザインとキャリア・ドリフトの繰り返しである」と喝破したのは、神戸大学の金井壽宏教授でした。ここでいう「ドリフト」とは、「漂流する」という意味。つまり、「ここは重要」と思えるキャリアの節目では、真剣にキャリア・デザインを考えるが、それ以外のところでは自然の流れや偶然の出来事に身を委ね、キャリア漂流するのも悪くないということです。これは、クランボルツの主張にも一脈通じるところがあります。

　一方、キャリアの基本は「行動してから考える」ことだとするのが、フランスのビジネススクールINSEADのハーミニア・イバーラ教授の立場です（『ハーバード流 キャリア・チェンジ術』翔泳社）。彼女が自著のなかで「新しいキャリアを見つけるための型破りな9つの戦略」の筆頭に掲げている項目です。自分のキャリアについて事前にあれこれ分析しても、結局、具体的に行動して結果をみないとわからない。とりわけ、自己のアイデンティティ（自己同一性・自分らしさ）の根幹をも揺るがすような「キャリア・チェンジ」のケースでは、あれこれと逡巡していても仕方がない場合もあります。だから、実際に行動するなかでいろいろなことを学び、自ら気づいて軌道修正を繰り返し、自分らしいキャリア形成をはかるべきとする考え方です。

　ここで問題となるのは、現在のキャリアから次のキャリアへ向かう「過渡

期」（トランジション）の過ごし方です。イバーラ自身も「型破りな戦略」の3を「過渡期を受け入れる」としていますが、この「キャリア・トランジション」の考え方については、ウィリアム・ブリッジズの理論からの示唆が有益でしょう（『トランジション』パンローリング）。

　たとえば、現在の状況から次の状況へと移る場合、途中には必ず「過渡期」がつきものです。これは、キャリアにおいても人生においても同様です。ブリッジズは、これを次の3つのフェーズに分けて考えています。

［フェーズ1］エンディング：すべてのトランジションは何かが終わることから始まる

［フェーズ2］ニュートラル・ゾーン：終わりと新たな始まりの間には中間領域がある

［フェーズ3］ニュー・ビギニング：新たな始まりは中間領域での過ごし方から導かれる

　特にニュートラル・ゾーンにおいては、物事の終わりにともなう深い喪失感や虚無感があり、場合によっては、混乱を引き起こすケースも生じてきます。しかし、一方でこの時期は、何か新しいことに取り組むための創造力の発揮が期待できる絶好の機会でもあります。この時期の過ごし方次第で、新たなキャリア機会の可能性も広がっていきます。だから、早まった結論を出すのではなく、新たな始まりを前向きにとらえ対処すべき時期なのです。

❖それでも人生に「イエス」と言おう！

　ここまで、キャリア戦略について考えてきました。結論的にいえることは、この不確実性がともなう想定外の時代に、よりよいキャリアを考えることは、自分に与えられた人生に真摯に対峙して生きていくことに等しいということです。

　その生涯を「生きる意味とは何か？」の追求に捧げた精神科医に、ヴィクトール・E・フランクルがいます。彼は、ユダヤ人であることで、第2次世界大戦中にナチスによって強制収容所に収容されました。明日の命が保証されない極限状態のなかでの過酷な経験から、『夜と霧』（みすず書房）を残しました。『悩む力』（集英社新書）などの著書で知られる姜尚中も、彼の思想

に少なからず影響を受けた一人です。

　そのフランクルの著書『それでも人生にイエスと言う』（春秋社）では、自分の人生に与えられている意味と使命をみつけるための手がかりとして、次の「3つの価値」をあげています。

- 創造価値：創造的な活動や自分の仕事を通じて実現される価値のこと
- 体験価値：自然とのふれあいや人とのつながりのなかで実現される価値のこと
- 態度価値：変えることのできない運命にどう対処したかによって実現される価値のこと

　人は、自分の欲求や願望中心の生き方をしているかぎり、本当の人生の意味を理解することはできない。むしろ、人生からの呼びかけに応えていく「意味と使命中心の生き方」へ転換すべきと説くのがフランクルの思想です。幸福や自己実現といったものは、その結果としてついてくる。これは、まさにどんなことが起こっても、自分の人生に「イエス」と言えるだけの価値を見出していくことと同義です。

　よりよいキャリアを創るとは、よりよい人生を歩むことにほかなりません。それぞれのあるべき明日に向かって「豊饒なるキャリア」を歩んでいただきたいと考えています。

【さらに学びを深めるための参考文献】
高橋俊介『キャリアショック』東洋経済新報社、2000年
松丘啓司『1on1マネジメント』ファーストプレス、2018年
新将命『伝説の外資トップが説くリーダーの教科書』ランダムハウス講談社、2008年
ジョン・D・クランボルツほか『その幸運は偶然ではないんです！』ダイヤモンド社、2005年
マーシャル・ゴールドスミスほか『コーチングの神様が教える「前向き思考」の見つけ方』日本経済新聞出版、2011年
楠本憲吉（編）『村野四郎詩集』白凰社、1967年
Peggy Simonsen, *Career Compass*, Davies-Black Pub, 2000.
ハーミニア・イバーラほか『ハーバード流 キャリア・チェンジ術』翔泳社、2003年
ウィリアム・ブリッジズ『トランジション』パンローリング、2014年
ヴィクトール・E・フランクル『夜と霧』みすず書房、1985年
ヴィクトール・E・フランクル『それでも人生にイエスと言う』春秋社、1993年
姜尚中『悩む力』集英社新書、2008年

第11章
マネジメント人材、リーダー人材の育成

❖日本型管理者教育の陥穽

　これまでの日本企業における管理者教育や経営幹部への登用要件は、ご承知のとおり、終身雇用に基づく遅い昇進と緩やかな選抜を前提として、年功序列型の昇進秩序と担当としての実務スキルに長けた人材が重視される傾向にありました。実務面での能力とマネジメントやリーダーシップに求められる能力の違いを明確に意識するという発想は、概して希薄だったと思います。

　管理職への登用は、それまでの実務上の実績重視で決められ、管理職に必要な知識やスキルの習得機会は、管理職登用以前にはほとんど与えられていませんでした。極端な場合、営業マンとして突出した営業実績を残した者が、そのまま管理職に抜擢されるというのが実態であったかと思います。

　経営幹部への昇進は、いわばサラリーマン人生におけるキャリアの最終目標、いわゆる「上がり」であり、マネジメントのプロやリーダーシップのプロを組織的・体系的に育成していくという発想や仕組みは、存在しなかったといえます。

　多くの場合、「経営リテラシー」（戦略やマーケティング、組織変革など、経営コンセプトに関する読み書き能力）が低く、企業全体、経営全体の視点から事業構造をとらえて、適切な資源配分を行うといった能力開発が不十分なまま、限られた業務分野での実績と経験に基づいて経営者としての地位に就くケースが多く、リーダー開発という視点も希薄だったのです。企業各社において後追い的に実施される「マネジメント研修」や「リーダーシップ開発研修」などへの研修需要がいまだに大きいことが、これを如実に物語っています。

　しかし、ジョン・P・コッターの『リーダーシップ論』（ダイヤモンド社）を引き合いに出すまでもなく、リーダーシップとマネジメントの違いを正しく認識したり、真のマネジメントやリーダーシップを実践できる人材を育成

すべきタイミングにきていることは、ほぼ間違いのないことでしょう。

　日本企業におけるこれまでの社内育成システムは、「職能別階層別研修」に代表されるように、社員の昇進ステージの一定のタイミングで一律に研修を与えるやり方が主流でした。そのめざすところは、一定量の有能な管理者の育成です。日本のサラリーマンの社会通念では、劇画『島耕作』シリーズ（弘兼憲史作、講談社）が世間的に好評を博していることにも如実に表われているように、課長・部長・取締役といった昇進モデルを駆け上がることが一種の社会的ステイタスであり、キャリア期待の標準値として広く認知されていたからです。

　しかし最近、議論となっているのは、「マネジャーではなくリーダーを」です。ここでいうマネジャーとは、文字通り「マネジメントをする人」であり、自分自身で仕事をするというよりも、他人や組織を動かして仕事をさせる人材を指します。これに対してリーダーは、自らが率先垂範して事に当たり、自己の一連の行動を通じて組織のめざすべき方向へ、身をもってリードする立場の人材のことです。

　言葉を換えれば、伝統的なマネジメントの基本目的が、既存組織の存続を前提としてこれをうまく機能させ続けることにあるのに対して、リーダーシップの基本機能は、現行組織をよりよい方向へ導くための変革の推進にあります。これらの機能や役割を果たせる人材は、必ずしも現在の職位や肩書きと一致するものでもありません。このリーダーシップとマネジメントの違いを正しく認識することが、特に重要な意味をもつようになっています。

　こういった観点からすれば、これまでの日本企業の管理者教育には、大きな落とし穴があったといえるでしょう。リーダー格差が、まさに企業間の格差を生む状況にあるのです。

❖マネジメントの３つの役割

　ピーター・F・ドラッカーによれば、マネジメントには本来、次の３つの役割があります（『マネジメント［エッセンシャル版］』ダイヤモンド社）。

　　－自らの組織に特有の使命を果たす
　　－仕事を通じて働く人たちを活かす

－社会の問題解決に貢献する

　つまり、それぞれの組織にはそれぞれ特有の使命があるので、その組織の目的を果たすために存在しているとともに、そこで自己実現をめざして日々働いている一人ひとりの人を活かし、社会的責任を遂行することが、マネジメントのエッセンスということになります。

　これまでの日本の企業において、マネジメントの役割や機能をここまできちんと認識し実践してきた企業が、いったいどれほどあったでしょうか。しかし、成果主義も浸透し、経営の意思やマネジメントの本質が問われる時代となって、このマネジメントの本来的な役割や意義を考えさせられるタイミングにきていることは確かです。いまあらためて、マネジメントとは何かが真剣に問われる時代に直面しているのです。

❖「管理」と「マネジメント」の距離

　あるべきマネジメント論やリーダーシップ論に移る前に、これまでの日本企業で実践されてきた「管理」や「マネジメント」の概念について、ここで整理をしてみましょう。

　最近でこそ「マネジメント」という言葉はかなり浸透・定着してきました。しかし、本来的な意味でこの概念が機能していたとは、とてもいえない状況でした。これとは別に、これまでの日本企業では「管理」という表現が一般的でした。たとえば、経営管理、営業管理、在庫管理。人事の領域でも、これまでは人事管理や労務管理という言い方が主流を占めており、「人材マネジメント」といったスマートな表現が市民権を得るようになったのは最近のことです。

　この「管理」と「マネジメント」の間の距離を認識することは、とても重要なことだと思います。管理という語感の響きには、何かしら冷たい、ある種無機質なニュアンスが強く、仕事を私情を交えずに厳格に処理するといった感じがつきまといます。英語でいえば、「アドミニストレーション」や「コマンド・アンド・コントロール」（指揮・統制）がその主題となります。一方、マネジメントの基本は、戦略を策定し、組織を統制して、部下を育成し、職場環境や組織風土を醸成して、日常の業務オペレーションを監督する

ことにあります。まずは、この決定的な違いを認識しなければなりません。日本企業は、この似て非なる管理とマネジメントの間で大きな課題を突きつけられているからです。

　これまでの日本企業の管理者教育は、ここでいうところの「管理」を専らとする管理者を、結果的に大量生産してきてしまいました。同じことはリーダーシップの領域にも当てはまり、その形態もさまざまですが、少なくとも管理・統制型のリーダーシップは、いまどき流行らないということです。

　たとえば、成果測定ツールとして導入された目標管理制度を適正に運用させようとすると、にわかにこのマネジメントの基本が問われます。平たくいえば、これはPDCA（Plan⇒Do⇒Check⇒Action）のマネジメント・サイクルをどう回していくかという現実的な問題なのですが、これがなかなかうまくいかない。だから、あらためてミドルの役割を再徹底させる企業も実際に増えています。人事機能が現場に下りてきているトレンドが、これを後押ししている状況です。

　いったい日本の企業は、これまでどのような管理者教育を行ってきたのかと、懐疑的な思いに駆られてしまいます。とりわけ成果主義を巡る一時期の錯綜や試行錯誤をみていると、真の課題がこの本来的な意味でのマネジメント力の向上にあると思われてなりません。教科書が想定しているほど、現実のマネジメントのレベルはそう高くないのです。

❖管理者の基本的な役割

　管理者（ミドル・マネジメント）の役割については、従来型の基本的な組織（ピラミッド型組織）を前提とした「基本の役割」をまず理解することが重要です。すなわち

- マネジメントとは、「担当する部門における目標を、経営資源（ヒト・モノ・カネ・情報）を使って、効率的・効果的に達成すること」にある
- ただし、管理者の役割の特質は、それを「自ら行う」のではなく、「部下を通じて成し遂げる」ことであり、管理者の主な仕事は「部下にそれぞれの役割と目標を与え、部下に与えた仕事が予定どおり進んでいるか進捗管理を行い、問題があれば解決策を講じる」ことになる

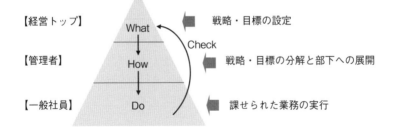

- これを組織全体のなかで位置づければ、**図表11-1**に示すように「組織の中間層として、全社的な仮説検証の分業サイクルの一端を担い、組織としての戦略や目標の実現に貢献すること」を管理者は担っていることになる

というのが、管理者の基本的な役割となります。

　ここで、管理者の仕事の特徴は、「組織としての戦略や目標の実現に貢献すること」にあり、それを「部下を通じて成し遂げること」になります。「部下を通じて成し遂げる」とは、ハロルド・クーンツとシリル・オドンネルによるマネジメントの定義"Getting things done through others"（他者を通じて物事を成し遂げる）に由来しています。

「組織としての戦略や目標の実現に貢献すること」を「業績のマネジメント」、「部下を通じて成し遂げる」を「人材のマネジメント」と解釈すると、管理者の仕事は、**図表11-2**のように２つの側面から説明できます。これに基づけば、「業績のマネジメント」と「人材のマネジメント」の双方に高い次元で関心をもち、これを実現している管理者が、まさに「理想の上司」といえるでしょう。「できる上司」とそれ以外の上司の違いは、ここにあるのです。なお、単に業績ばかりを追い求め、人への関心をまったくもてない上司は「鬼の上司」、部下のことはよく気遣っているが、業績はさっぱりなのは単なる「人の良い上司」、業績も人材のマネジメントもまったくなのが、文字どおり「ダメ上司」です。

　ここからもおわかりのとおり、業績と人材の２軸をきちんとマネジメント

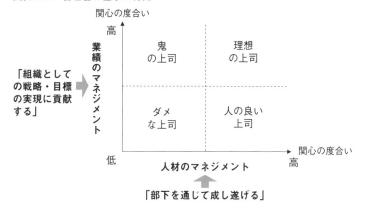

図表11-2　管理者の仕事の特徴

関心の度合い

高

業績のマネジメント

「組織としての戦略・目標の実現に貢献する」

鬼の上司　理想の上司

ダメな上司　人の良い上司

低

人材のマネジメント

関心の度合い　高

「部下を通じて成し遂げる」

できるよう、上司は日々努めなければならないのです。

❖業績のマネジメントと人材のマネジメント

　管理者の基本的な役割を果たすうえでのポイントと有効な手法や理論、キーワードを整理すると、次のとおりです。

　まず、業績のマネジメントは、「仕事の管理」と「仕事の改善」に区分されます。このうち、仕事の管理とは、仕事を計画し、割り当て、統制・調整を行うことです。つまり、PDCAのマネジメント・サイクルに則り、計画の基本である上位組織目標と"連鎖した"目標を具体的に5W1Hで設定します。一方、仕事の改善は、業務遂行上の問題点を発見し、改善を加えることで効率の向上を実現することであり、ムリ・ムダ・ムラの排除や、速く・正しく・楽に・安くなどの改善の視点が重要となります。改善のための発想法として、必要に応じてKJ法やブレーンストーミングなどを活用します。

　次に、人材のマネジメントとは、具体的には「部下の指導・育成」と「適正な職場環境・人間関係の維持向上」です。部下の指導・育成とは、部下の能力開発を促進し、人材育成と活用を行うことです。そのためにOJTでは、何を、どのレベルまで、いつまでに、習得・向上させるのかを、本人を観察・面談のうえ決定することが重要です。この場合、エンパワーメント（権限委譲）も効果的なOJT手法といえます。一方、Off-JTや自己啓発について

は、必要なスキル・知識の見極めと積極的な奨励が重要となるでしょう。

　適正な職場環境・人間関係の維持向上は、上司と部下、あるいは部下同士の人間関係を良好に保ち、部下のモチベーションやモラール（士気）を高めることです。そのためには、適切なコミュニケーションをとり、動機づけをはかるためにアクティブ・リスニング（積極的傾聴）やコーチングなどを駆使して、従来型の「教える」マネジメントスタイルから「答えを引き出す」スタイルへの変革をはかります。

　ここで、管理者が役割を果たすとは、PDCAのマネジメント・サイクルを回すことにほかなりません。目標を設定し、それを具体的な計画に落とし、組織の構造と役割を決めて人員を配置し、社員を動機づけ、具体的な行動を指揮・命令し、部門間の矛盾や衝突を調整して、途中で成果を測定・評価し、必要に応じて修正するのです。また期が終われば、反省を踏まえて再計画のプロセスに入り、次期もまた新たなマネジメント・サイクルを愚直に回していくことになります。

❖「マネジメント」から「リーダーシップ」へ

　ここまで述べてきた管理者の基本的な役割は、組織を取り巻く環境変化により大きく変容を余儀なくされてきました。環境変化の背景としては、たとえば、経営環境変化の拡大やスピードアップ、IT化の影響等による業務の高度専門化・高速化の影響によって、戦略立案単位のダウンサイジングと権限委譲が求められてきたことなどがあげられます。

　具体的な変容の中身としては、たとえば次のようなものです。

１．管理中心の「マネジメント」から変革を促す「リーダーシップ」へ

　従来の上位目標達成に向け、Howを考えることができる「マネジャー」（How専門職）であることに加えて、自ら変革に向けた戦略立案を行える「変革型リーダー」であることが管理者に求められています。

２．「What構築能力」をもつ自律型社員の育成

　上司の指示に従うだけでなく、自ら「何を行うべきか」を発見し、その実行を自律的に行える社員を育成・活用することが重要になってきています。

　期待される役割が変化することにより、管理者はマネジメントを行う単な

図表11-3　「マネジメント」と「リーダーシップ」の違い

「マネジメント」と「リーダーシップ」とは似て非なるもの

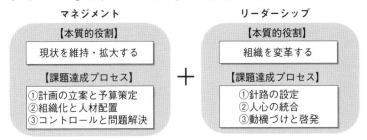

出所：ジョン・P・コッター『第2版 リーダーシップ論』（ダイヤモンド社）より作成

る「マネジャー」であるだけではなく、自ら変革に向けた戦略を立案できる「リーダー」であることが求められているということです。

　ところで、マネジメントとリーダーシップの違いは、どこにあるのでしょうか。たとえば図表11-3のように整理するなら、マネジメント人材は、与えられた現状を維持・拡大していくことが主な仕事となります。これに対して、リーダー人材の場合は、率先垂範。自ら範を示して新しい分野や領域に積極果敢に挑戦していく人材のイメージです。もちろん、どちらの人材も組織にとっては必要不可欠ですし、両者をあわせもつ人材が得がたいわけです。

　トップ・マネジメントの役割にたとえれば、経営数値に基づいて経済合理的な判断を下すことがマネジメント。一方で、社員のモチベーションやロイヤルティ、創造性といった、経済合理性に適った判断だけでは割り切れない領域をうまくコントロールし、成果創出に貢献していくことがリーダーシップともいえます。同様に優れたミドル・マネジメントも、収益を追求する術であるマネジメントと組織を牽引する術であるリーダーシップを兼ね備えていることが理想といえるでしょう。

　これをES（社員満足度）の領域に置き換えてみればどうなるでしょう。ハーズバーグの動機づけ・衛生理論では、それは、動機づけ要因と衛生要因とに分けられました。このうち、マネジメントの機能によって問題解決しやすいのが衛生要因の領域であり、リーダーシップの機能によって問題解決しやすいのが動機づけ要因の領域であると言い換えてもよいでしょう。

つまり、積極的に働きかけて社員にやる気を与えていくのは、マネジメントではなくリーダーの仕事となります。これから求められるのは、リーダーの立場でモチベーション創造ができる人材。いわば、「モチベーション・リーダー」あるいは「モチベーション・クリエーター」ということになります。

　ここでいうモチベーション・クリエーターとは、部下に対して成功のシナリオを提示することができる人、部下が「あんな上司になりたい」と尊敬できる人、部下を上手に育成できる人のことであり、このような人材がいることで成功のサイクルを円滑に回して、組織がスパイラル成長できるのです。

　逆に、部下のモチベーションを低下させ、組織をダメにする「モチベーション・ブレーカー」も存在します。これは、戦略なきガンバリズムを唱える人や、どうみても尊敬できない上司のことであり、このような人材がいると、組織全体が悪循環から抜け出せない状況に陥ってしまうこともあるので、注意が必要です。

　昨今、話題のエンゲージメントに関しても、職場における上司の存在が大きく影響を与えます。エンゲージメントを向上させる取り組みにおいても、職場上司のあり方が問われているということです。

❖サーバントリーダーという視点

　このような状況のなかで、ミドルのリーダーシップのスタイルにも変化が求められています。最近では、サーバントリーダーやサーバントリーダーシップという言葉をよく耳にします。大本は、ロバート・K・グリーンリーフの『サーバントリーダーシップ』（英治出版）に由来しています。「サーバント」であるので、直訳すれば「下僕」や「召使い」ということになりますが、少し逆説的な言い方をすれば、「お客さまにサービスしている人にサービスする」とか、「自分のことを上司と呼ぶ人に仕える」ということです。つまり、「奉仕するリーダー・モデル」がその本質となります。これは、『サービス・リーダーシップとは何か』（ダイヤモンド社）に出てくるベッツィ・サンダースの言葉です。

　これまでのミドルの仕事とは、部下に対する指示・命令、あるいは統制と

いった仕事が主でした。部門の管理や部下の管理が主で、組織を束ねるといった発想です。しかし、ESやCS（Customer Satisfaction；顧客満足度）の見地に立てば、これからは、たとえば高級デパート店ノードストロームが実践しているような、顧客に対してどのような組織編成や体制が意味をもつのかという視点が特に重要となってきます。

　そうなった場合に、ミドルは、顧客に向かって、あるいは顧客に対して、そこで働いている社員たちを、ちょうど逆さまのピラミッドの下から彼らを支援するような位置づけで考えるという、逆転の発想が必要になります。部下が自分に従うのではなくて、実際に顧客に向かって仕事をしている部下たちを後方から支援していくというのが、これからのミドル・マネジメントの仕事だということです。そんな意味合いで、サーバント、要するに主人に仕える人に向けたリーダーシップのスタイルという発想が出てきます。

　リーダーシップのスタイルにも、そのようなしなやかさ、柔軟な考え方が求められる時代だということです。

✤日本的リーダーシップの異相

　ここまでみてきたように、リーダーシップについては諸説存在しています。これまで、よく日本人はリーダーシップが弱いと指摘されてきました。これに対して欧米のトップはみな、強力なリーダーシップを発揮して国や企業を牽引しているかのようにみえます。この違いは何でしょうか？　このテーマを考える際に示唆を与えてくれるのが、河合隼雄の『中空構造日本の深層』（中公文庫）です。

　河合隼雄は、文化庁長官も務めたユング派分析心理学の大家で、民族の思考の枠組みは神話世界にあるとします。たとえば、ギリシャ神話に出てくる神々は、大神ゼウスをはじめとして絶対的な権力者なのに対し、日本の『古事記』に出てくる神々は、中心的存在でありながら絶対的権力をもつものとは描かれていません。「中空構造」とは、外側だけがあって中身ががらんどうのこと。つまり、太古の昔から発展してきた日本人の思想や宗教、社会構造の原型そのものが中空であるとするのが、河合の主張です。日本社会は、西欧型の「中心統合構造」ではなく「中空・均衡構造」であり、相対立する

ものや矛盾するものを排除せず、あえて共存することで「和」を保つ。われ
われ日本人の心の深層にあるDNAが、日本的リーダーのあり方や企業統治
にも影響を与えていると解釈できるのです。日本的リーダーシップの異相
は、ここにあります。

　このような日本および日本人の特性を踏まえつつ、「いまここ」の状況に
対処していくには、いま一歩踏み込んだ考察が求められるでしょう。その際
に参考となるのがジョージ・コーリーザーほかの『セキュアベース・リー
ダーシップ』（プレジデント社）です。セキュアベースとは「安全基地」を
意味します。昨今の組織開発を考える際のキーワードに「心理的安全性」
（Psychological Safety）がよく採り上げられますが、これは、Googleが実施
した「プロジェクト・アリストテレス」が出した結論により一躍有名となり
ました。要するに、安心して働ける職場づくりが組織の生産性に寄与すると
する考え方です。そのために、１on１ミーティングの実践などを通じたコ
ミュニケーションの質的向上が求められています。そして、そのような職場
を実現するためには、「安全基地」から発するリーダーシップ・スタイルが
ことのほか重要な意味をもってきます。安心・安全があるからこそ、働く者
をしてあえてリスクをとり挑戦しようとする気概も生まれてくるというもの
です。

　心理的安全性を担保できる職場では、自然体の自分をさらけ出せる環境や
雰囲気づくりがカギとなります。そこで、次に重要なキーワードとなるの
が、「オーセンティック」（自分らしさ）です（ハーバード・ビジネス・レ
ビュー編集部『オーセンティック・リーダーシップ』ダイヤモンド社）。「自
分らしさ」を貫くリーダーは、自分の目標に情熱的に取り組み、自らの価値
観をブレることなく実践して、信頼の絆に基づく長期的な人間関係を築きつ
つ、確実に成果につながる行動をとります。

　時代が求めるリーダー像は、日々アップグレードを求められているという
ことです。

❖心理的安全性の確保（安心して働ける職場づくり）
　もともと、チームの心理的安全性について提唱したのは、ハーバード・ビ

ジネススクールの組織行動学者エイミー・C・エドモンドソン教授で、1999年の論文においてでした。そこで彼女は、チームの心理的安全性とは、「対人関係上のリスクをとっても安全であるという、チームメンバーに共有された思い」と定義しています。

しかし、昨今のように心理的安全性が人口に膾炙されるようになった経緯は、Googleにあります。GAFA（Google、Apple、Facebook、Amazon）の一翼を担うGoogleの人員分析部（People Analytics Operation）が2012年に開始した「プロジェクト・アリストテレス」（Project Aristotle）という社内プロジェクトでは、「生産性を高める唯一の方法は、リーダーシップでもチームの編成方法でもチーム内のルール決めでもなく、心理的安全性である」と結論づけています。

このあたりから、「心理的安全性」という言葉がブレークして独り歩きするようになりました。

確かに、人は誰でも、心理的安全性が担保できるような組織や職場で働きたいと思います。心理的安全性がなければ、少しむずかしいことをやろうと思っても、リスクをとって仕事に取り組もうとする気も起きません。「こんなことを言ったら職場の同僚から馬鹿にされないだろうか」「上司から叱られないだろうか」といった不安をチームのメンバーから払拭する。「仕事用の自分」を演じるのではなく、「本来の自分」でいられることが大切ということになります。つまり、心理的安全性とは、チームのメンバーがそれぞれ不安を抱えることなく、自分の考えを自由に発言できたり、行動に移したりできる状態のことです。平たくいえば、「安心して働ける職場づくり」ということでしょう。

ちなみに、Googleの「プロジェクト・アリストテレス」の報告では、チームを成功へと導くカギとして、次の５つをあげています。

– 心理的安全性：不安を感じることなくリスクある行動がとれるか？
– 相互信頼：互いに信頼して仕事を任せ合えるか？
– 構造と明瞭さ：チーム目標や役割分担、実行計画は明瞭か？
– 仕事の意味：各メンバーが与えられた役割に意味を見出せるか？
– 仕事のインパクト：自分の仕事が組織や社会に対して影響力をもってい

ると感じられるか？

　このように、心理的安全性はチームを成功に導くカギの一つであり、同時に「心理的安全性はその他の４つの力を支える土台であり、チームの成功にもっとも重要な要素である」と語られています。

　一方、心理的安全性が不足していると、どのような状況に陥ってしまうのでしょうか。たとえば、心理的安全性が担保されていない職場では、多くの社員たちが本当の自分を偽りながら働くことになるので、本来もっている力を発揮できない、信頼関係を築けない、イノベーションが生まれないなどの状態に陥り、結果的にチームのパフォーマンスにもネガティブな影響をもたらしてしまいます。心理的安全性の確保によって、メンバーは本来の自分を偽ることなく「ありのままの自分」でいられるようになるのです。

　Googleの調査によると、心理的安全性が高いチームのメンバーには、次のような特徴があるとされています。

１．情報共有の土台ができる

　自分の発言が否定されるという不安がなくなるので、安心して意見が言えるようになります。わからないことを確認できたり、ミスなどネガティブな問題が発生しても、隠さずすぐに上司に報告できたり、相談できるようになります。そうなることで、損失を最低限に抑えられ、メンバーみなで課題を解決するために取り組む土壌ができてきます。

２．新たなイノベーションが創出される

　情報共有の土台ができれば、チームで協力し合う関係性が生まれるため、コミュニケーションが活性化します。アイディアが活発に交換され、新たなイノベーションにもつながります。結果として、チーム全体の学習も促進されます。

３．社員エンゲージメントの向上に寄与する

　日本企業のエンゲージメント（仕事への熱意度）の低さが取りざたされたのは、2017年、米ギャラップ社のエンゲージメント・サーベイの結果を受けてのことでした。アメリカの「熱意あふれる社員」が31％であったのに対して、日本はわずか６％にすぎませんでした。調査対象国139ヵ国中132位と散々な結果でした。このあたりから、日本企業の間でもエンゲージメント・

スコアの改善に関心をもつ企業が増えてきたという経緯があります。

　しかし、もしこれらの環境が整えば、メンバーそれぞれが仕事にやりがいを感じ、前向きに取り組む状況が増えてきます。モチベーションも高まり、結果的に社員のエンゲージメントの向上を通じたチーム全体のパフォーマンスの向上も期待できます。

　心理的安全性が担保されることで、このような効果が表われ、結果的に生産性の大幅な向上や離職率の低下に寄与します。個人レベルのコミュニケーションも円滑になり、やってはいけないことをやってはいけないと発言することもできるため、パワハラのリスクを減らすことにも寄与します。また、仕事に対してより責任感や関心が生まれ、積極的に業務に取り組んでもらいやすくなります。

　なお、心理的安全性を測定する手法として、エドモンドソン教授が提唱した7つの「質問」をあげておきますので、参考にしてください。

［質問1］チーム内でミスをすると、たいてい非難される
［質問2］チーム内のメンバー同士では、課題やネガティブな問題も指摘し合える
［質問3］チーム内では、自分と異なるものは否定される傾向にある
［質問4］チームに対して、リスクのある行動をとっても大丈夫だと思える
［質問5］チームの他のメンバーに助けを求めることはむずかしい
［質問6］チーム内のメンバーには、自分の仕事を意図的におとしめようとする人はいない
［質問7］このチームで働くことで、自分のスキルと才能が発揮され活かされていると感じる

　これらの質問のうち、ポジティブな質問に対して「当てはまる」傾向の回答が多い場合には「心理的安全性の高いチーム」、逆にネガティブな質問に対して「当てはまる」傾向の回答が多い場合には「心理的安全性の低いチーム」だと判断できます。

【さらに学びを深めるための参考文献】
ジョン・P・コッター『第2版 リーダーシップ論』ダイヤモンド社、2012年

弘兼憲史『島耕作』シリーズ、講談社、1983年～現在

ピーター・F・ドラッカー『マネジメント[エッセンシャル版]』ダイヤモンド社、2001年

ロバート・K・グリーンリーフ『サーバントリーダーシップ』英治出版、2008年

ベッツィ・サンダース『サービス・リーダーシップとは何か』ダイヤモンド社、2002年

河合隼雄『中空構造日本の深層』中公文庫、1999年

ジョージ・コーリーザーほか『セキュアベース・リーダーシップ』プレジデント社、2018年

ハーバード・ビジネス・レビュー編集部（編）『オーセンティック・リーダーシップ』ダイヤモンド社、2019年

エイミー・C・エドモンドソン『チームが機能するとはどういうことか』英治出版、2014年

第12章
選抜教育と経営者人材の育成

❖日本企業の人材開発に足りなかったもの

「日本にないのは経営だけだ」。2000年代初頭、こんな指摘がなされていました。いわゆる日本的経営と呼ばれる経営手法や人材開発手法に行き詰まりが感じられ、経営者教育という新たな領域にスポットライトが当てられ始めた頃のことです。

真の経営幹部やプロ経営者の育成については、日本企業では長らく置き去られていたテーマでした。しかし、このテーマは現在、企業各社にとっての一大テーマとして位置づけられています。

これまで、日本企業で経営幹部人材の育成が進まなかった理由としては、いくつかがあげられます。

まず第1に、伝統的な人事制度が継続されていることです。日本企業においても、過去30年にわたる人事制度改革の流れのなかで、成果主義をはじめとするさまざまな試みがなされてきてはいるものの、制度の運用面における年功意識は容易には払拭できず、いまだに長期勤続を前提とした緩やかな選抜と配置を前提に、管理職や経営幹部への登用が実施されている企業が多数存在しています。これが大きな弊害となっています。

第2に、特に大企業においては、組織の肥大化や縦割り化が進み、事業部内での人材の囲い込みなども存在していたために、部門間での優秀人材の人事交流や人材交流が進まず、結果的に広い視野をもってハイレベルな判断ができる経営幹部の育成がはかられなかったためです。

そして第3には、明らかに経営経験を積む実践機会の不足により、組織の重責を担うポジションに配置される人材を定期的・継続的に育成できなかったためです。いわゆる「経験領域」の不足です。

最後に、経営幹部に求められる戦略思考のトレーニング不足があげられます。これは、適切な経営判断をするために求められる基本的な知識やスキル

に関することですが、この種の教育は、日本企業においてこれまであまり力を入れてこなかったという現実がありました。これは、「学習領域」の不足となります。

❖経営幹部をファーストトラックで鍛える

しかし、このような状況は変革が迫られてきています。その一つの大きな変化は、差し迫ったグローバル経営への対処です。グローバル経営力が問われ、世界で闘える力が求められるようになりました。また、右肩上がりで成長が期待できる経営環境ではなくなった現在は、新たな事業機会を求めてイノベーションを起こせる人材が必要とされています。次の主力事業を創り出す事業創出力が問われています。一方で、既存の企業や組織のあり方に抜本的な変革をもたらす構造改革力も必要です。企業のあり方をリ・デザインできる力です（図表12-1）。

これらに応えうる次世代経営幹部の育成が喫緊の課題といえるでしょう。

経営幹部候補の選抜という観点は、日本においてもすでに2000年代初頭から議論されていました。いわゆる「HPI」（ハイポテンシャル・インディビジュアル）戦略です。HPIとは、将来的に企業のリーダーとなりうる潜在能力の高い人材のこと。そうした人材を早期に選抜して、徹底的に鍛えるというやり方です。このような方法は、「社内コンセンサスの重視」や「集団的モラールの維持・管理」といった、日本企業の従来のスタンスからは生まれない発想でした。

図表12-1　次世代経営幹部に求められる３つの力

経営者候補の人選でつとに有名なのが、GEにおけるCEO（最高経営責任者）の選抜プロセスです。2001年、前CEOジャック・ウェルチの後継者として指名されたのがジェフリー・イメルト。年齢は44歳（当時）でした。世界有数のグローバル企業のトップの年齢が40代であるという事実は、当時のわれわれ日本人の感覚からすると異例の若さと映ったものです。

　GEの場合、有名な「セッションC」などを活用して、全社的な評価と人材の棚卸しを行い、これをベースに一人ひとりの具体的な報酬・昇進・育成プランを決めていきました。同時に主要ポストについては、「サクセッション・プラン」（Succession Plan；後継者育成計画）によって、一定数の後継者候補を明らかにしておくことを義務づけました。

　こうした事例に触発されて、日本企業でも「40代の社長をつくる」との意気込みで開始されたのが、「次世代リーダー開発プログラム」や「ファーストトラック・プログラム」と呼ばれる経営幹部の選抜プロセスの整備や経営

図表12-2　次世代リーダー開発のフレームワーク例

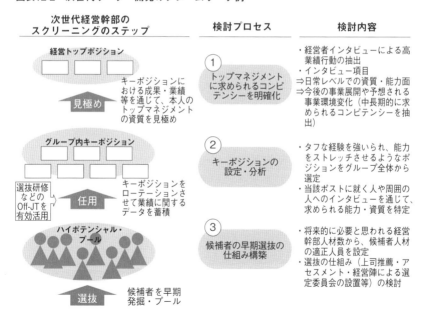

幹部教育の充実でした。

　このような取り組みは、日本においても大企業を中心として一時期ブームとなり、いまではかなり定着した感があります。**図表12-2**はその代表的な事例です。一定のハイポテンシャル人材を一定数選抜してプールしておき、そこから企業内の主要ポジションの要件にマッチした人材をアサインしていく。この仕組みのなかで昇進・昇格を果たした人材が、最終的には経営のトップポジションに就任するという仕組みです。

　これに関連して、日本企業においても、主要ポジションに就いているキーパーソンには、しかるべきエグゼクティブ・コーチが1on1で対応し、次期主要ポジションへのステップアップのためのサポートや、コーチングを実施するというカルチャーがだいぶ定着してきている状況にあります。

　この間に、選抜研修などを受講させ、「タフ・アサインメント」や「修羅場体験」「一皮むける経験」と形容される困難な業務や未経験分野への計画的配置を行うことによって、個人の能力を最大限に引き上げる経験をさせることになります。同時に、主要ポジションに就いているキーパーソンに対しては、サクセッション・プランを通じて、自分の後継者育成も義務づけられています。

　現在では、この動きは一企業単体にとどまらず、グループやグローバル全体を視野に入れたリーダー開発にその活用範囲を広げる企業も増えています。『グローバルポジションを獲りにいく』（マネジメントサービスセンター、東洋経済新報社）といった表現が、これを如実に物語っています。

❖次世代経営幹部選抜教育のコンテンツ

　経営幹部を育成するための研修プログラムの一般的なコンテンツは、先ほど触れた「経験領域」と「学習領域」の不足を補完する内容で構成されるものがポピュラーです。

　学習領域は、日常業務からではなかなか学べない戦略思考のトレーニングが実践できるものとして、自社版MBAプログラムや経営塾のような建てつけとします。そこでは、経営戦略やマーケティング、財務戦略や人材マネジメントに関する知識をインプットするのです。経験領域としては、このイン

プットした知識の活用がはかれるように、たとえば自社が現在抱えている経営課題をいくつか選定して、これを一定期間、グループやチームでその解決策を検討します。そして、その結果を経営トップや経営幹部に対する提言として、プレゼンテーションをさせたりするのです。これは、研修のなかで学習した知識を活用する擬似経験領域の取り組みといえます。

　この際に活用される手法に「アクション・ラーニング」があります。アクション・ラーニングとは、実際の組織課題に対し、参加者が自ら解決策を考え、実行し、検証し、問題解決を行うことで、個人や組織として学習し、組織能力の向上につなげるための手法です。チーム学習によって、知識と視座を高め、参加者の現実的な課題を検討して、変革へのシナリオを作成します。その後数ヵ月にわたり、現場での実践とチームでの振り返りによる仮説検証をスパイラルに実施し、参加者の学習性の向上と組織の成果向上や変革を生み出すのが主なねらいとなります。

　アクション・ラーニングで採り上げられるテーマとしては、
- ○○事業の今後の生き残り戦略
- 新規事業創出のための仕組み改革
- 営業戦略のリ・デザイン
- 研究開発体制の再構築
- 当社将来ビジョンの構想

などがあげられます。実際に採り上げられたテーマが経営側に採用され、研修終了後に実際に社内プロジェクトとして新規に立ち上げられたり、そのテーマを実際に担当する部門や部署に異動になったりするケースも生じています。

　いや、むしろこの種の選抜研修を受講したあとでは、ここで学んだ知識やスキルを実際に活用できるよう、戦略的な配置転換が実施されることが望ましいでしょう（**図表12-3**）。なぜなら、多くの企業で取り組んでいる経営幹部研修や次世代リーダー開発プログラムの実態をみてみると、積極的な取り組みがみられるのは研修期間中の半年間程度のみで、研修終了後はもとの職場に戻り、従来とまったく変わらない仕事に従事することになり、せっかく研修で学んだことがまったく活かされていないケースが実に多いからです。

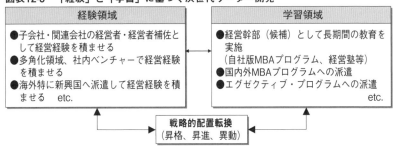

図表12-3　「経験」と「学習」に基づく次世代リーダー開発

経験領域	学習領域
●子会社・関連会社の経営者・経営者補佐として経営経験を積ませる ●多角化領域、社内ベンチャーで経営経験を積ませる ●海外特に新興国へ派遣して経営経験を積ませる　etc.	●経営幹部（候補）として長期間の教育を実施 （自社版MBAプログラム、経営塾等） ●国内外MBAプログラムへの派遣 ●エグゼクティブ・プログラムへの派遣 etc.

戦略的配置転換
（昇格、昇進、異動）

　多くの企業で取り組まれている次世代リーダー開発プログラムのパターンを整理すると、**図表12-4**のようになります。

❖適者生存から適者開発へ

　これからの経営幹部の育成においては、「経験から学ぶ」ことがとても重要な要素となってきます。近年、「経験学習」（Experiential Learning）の大切さが主張されるようになっていますが、確かに人は具体的な経験をすることでその内容を振り返り、そこから得られた教訓を糧として、新たな状況に適用しようと試みます。それによって、学習が促進されるのです。これからの経営幹部も、このような経験は特に重要です。

　『ハイ・フライヤー』（プレジデント社）の著者であるモーガン・マッコールがいうように、これからは「適者生存」ではなく、「適者開発」のスタンスで経営幹部を育成していくことが必要とされてくるでしょう。これまでの経営幹部人材の育成プロセスは、弱点や欠点をもつ者を排除して、経営幹部人材を「選定」する適者生存型でした。そこでは、相対的な評価に基づく昇格・任用が実施され、求める能力が備わっているかどうかは、厳密には担保されていませんでした。事業環境の変化が激しい昨今では、このようなプロセスのなかで生き残った人材が、必ずしもその時点での事業戦略の方向性にマッチしているとは限りません。

　一方、これから求められてくるのは、経営幹部人材としての能力をもつ者を適時・適切に「開発・創出」していく適者開発型となってきます。そこでは、昇格・任用の前からOff-JT（集合研修）等を有効に活用して、能力を効

図表12-4　次世代リーダー開発プログラムのパターン

アクション・ラーニング型
・現実の経営課題に対し、研修参加者がチームを組成して協力しながら解決策を導出する手法
・さまざまな事業・職種のメンバーとの交流を通じ、会社全体や他事業への理解が促進される
・また、経営陣への最終成果提言により、受講者の経営参画意識を高める効果もある

＜アクション・ラーニングのプロセス例＞
チーム活動・振り返り
課題明確化 → 行動計画策定 → トップ提言
6ヵ月〜1年程度

複数企業共催型
・他業界の経営者候補との交流や学習の場を提供
・階層別教育と異なり、自社事情に偏らないプログラム構成（学術機関と連携）
・知的刺激や気づきを促すとともに、自社戦略を俯瞰して考える力を醸成

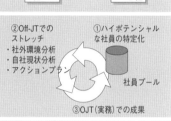

A社　経営者育成プログラム　B社
C社　　　　　　　　D社

優秀社員プール連動型
・階層別教育は現職での短中期的なパフォーマンス向上に向けた取り組みであるのに対し、優秀社員を事前に特定し、Off-JTと連動させることで、将来的な経営者候補を確保していく仕組み

②Off-JTでのストレッチ
・社外環境分析
・自社現状分析
・アクションプラン
①ハイポテンシャルな社員の特定化
社員プール
③OJT（実務）での成果

段階的育成型
・早期段階から経営社員予備群を発掘し、長期間をかけて段階的に能力開発していく仕組み
・段階数やカリキュラム、受講対象等は企業の育成理念により異なる

＜段階的育成の一例＞
経営人
Phase3・経営哲学の伝承
Phase2・自社課題アクションラーニング
Phase1・MBA知識・ケーススタディ

果的に引き上げる仕組みが必要です。また、経営環境の変化に耐えられるよう、さまざまな強みをもつ多様な候補人材を質的にも量的にも確保しておくことが重要となります。一定レベルのタレント・プールの必要性がここにあります（**図表12-5**）。

❖サクセッション・プランの必要性

　サクセッション・プランとは、社内の重要ポジションにおける後継者を選

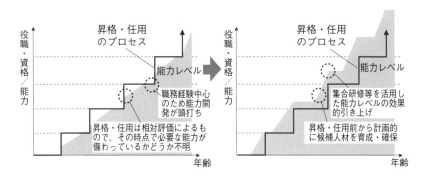

図表12-5　経営幹部育成プロセスの「これまで」と「これから」

これまで（適者生存型）　　　　　　これから（適者開発型）

定し、育成することです。近年においては、変化の激しい経営環境のなかで訪れる事業機会に即応するためや、予測しがたい事業リスクを回避するために、人材を育成しプールしておくという考え方が出てきています。具体的には、当該候補に関する客観的な人事データや人材アセスメント・データ、次世代タレント人材のプール・確保・育成と活性化、リテンション（引きとめ）戦略まで含んだ全般的なプロセスを指します。

　その特徴の一つとして、人事マターというよりも経営マターであるという点があげられます。アメリカ企業では、社長をはじめとする経営幹部が後継者を指名し、次世代を担う人材を、自分たちの責任において計画的に育成しています。該当するポジションが空席となった場合には、速やかに適切な人材を配置し、責任と権限の空白期間を極力排除するよう配慮します。

　しかし、日本企業においては、一部の大手企業がこうした取り組みに着手しているものの、その他の企業においては、主要ポジションへの候補者の特定は行わず、ポジション自体も特定することなく、一部の若手人材を選抜して特別な教育を早期から受講させるという選抜型研修と併用しているケースが多くみられます。近年では、コーポレートガバナンス・コードの施行にともない、自社に照らして経営トップや経営幹部人材のあり方を考える機会が増してきていることも、サクセッション・プランが注目される一つの大きな理由となっています。

図表12-6　サクセッション・プランの実行フロー例

一般的には、下記のようなプロセスに基づき、①リーダーシップ、②マネジメント能力、③顧客関係維持能力、④周囲を巻き込む力、⑤対外的折衝能力、などの観点から効果的な後継者マネジメントが実施される

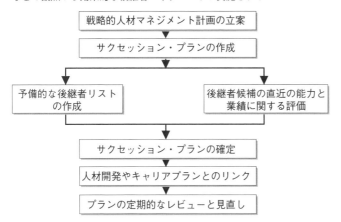

2015年6月の改訂上場規則に基づくコーポレートガバナンス・コードのなかで、「取締役会は、会社の目指すところ（経営理念等）や具体的な経営戦略を踏まえ、最高経営責任者等の後継者の計画（プランニング）について適切に監督を行うべきである」と規定されています（補充原則4-1③）。

サクセッション・プランには、まず自社の経営理念やビジョン、経営戦略の確認・明確化が必要となります。次に、経営戦略を実行するために重要となるポジションを決め、求められる人材のプロフィール（性格や基本姿勢、コンピテンシーやスキル・知識、等）を洗い出し、その要件に合致する人材を既存社員のなかから選出します。そして、その人材を想定しているポジションへ配置するための登用と育成のプランを立案します。このプロセスを定期的に行っていくことで、経営環境の変化にも柔軟に対応できる機動的な組織を創ることができるようになります（**図表12-6**）。

一方で、コーポレートガバナンス・コードの施行を受けて、日本企業においても中長期戦略の重要性が高まり、これらを意識的に議論する場として取締役会を位置づけ直そうとする動きも増えつつあります。中長期戦略のメインストリームに後継者育成にかかわる戦略人事が含まれてくる蓋然性は高

く、今後の当該分野の動向を注視していく必要があります。

　将来の企業価値を大きく左右する経営幹部の選定と後継者育成こそ、これからの最重要課題となってきます。これからは、経営トップの中長期視点と現場における後継者育成の連鎖が、企業価値の持続的向上をより確かなものにしていくことは、まず間違いないでしょう。

❖タレント・マネジメントの一環として位置づける

　こうみてくると、経営幹部の計画的育成もサクセッション・プランの実践も、タレント・マネジメントの一環として、明確に位置づけられなければならなくなります。少子高齢化と人口減少が進行していくこれからの日本において、人材は貴重で希少な経営資源という点を、もう一度認識する必要があるでしょう。限られた経営資源としての人材をどう有効活用していくかという視点です。

　タレント・マネジメントとは、**図表12-7**に示すように、優秀な人材の採用に始まり、そこからしかるべき人材を選抜してOJTで鍛え上げ、計画的なキャリア・プランに基づく人材開発をはかるものであり、キーポジションに

図表12-7　タレント・マネジメント・サイクル

採用にかかる
コストを
どう最小化するか？

最適な候補者を
どう選ぶか？

組織再編の過程で、
役割と人材をどう
マッチさせるか？

人材を正しく評価
しているか？

戦略実行に向けた
適材配置に
なっているか？

優秀人材の流出を
どう防ぐか？

将来のリーダーを
どう見極め
育成するか？

いかに能力や
スキルを高め、
動機づけるか？

採用
RECRUITMENT

選抜
SELECTION

再配置
TRANSITION

タレント
マネジメント
サイクル

パフォーマンス
評価
PERFORMANCE

サクセッション
SUCCESSION

育成
DEVELOPMENT

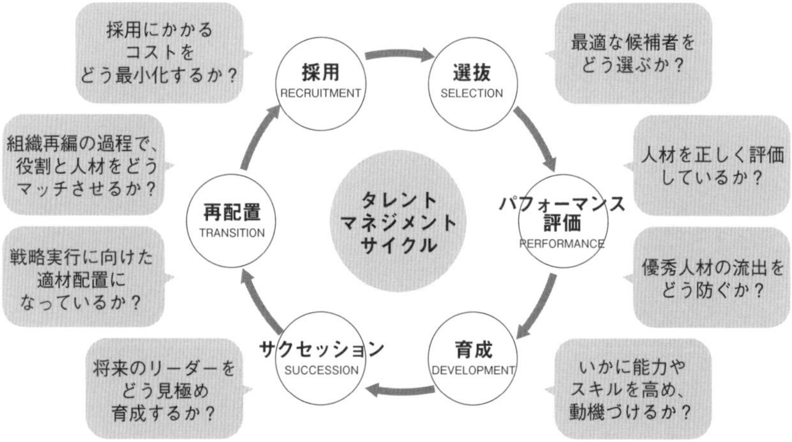

出所：プロファイルズ提供資料より引用

就いている現在のキーパーソンのみならず、「リーダーシップ・パイプライン」を意識して、その次にくるべき後継者育成にも注力し、定期的に人材のパフォーマンスを評価します。さらに、人材のモチベーションの維持・向上に努め、人材を維持するための施策を実施します。この一連の人材マネジメントの流れをどう効果的・効率的に実践できるかに尽きるテーマと解釈できます。

　タレント・マネジメントのめざすところは、もちろん企業の成長です。人材を企業の競争優位の源泉に据える経営の実践が求められているということです。昨今の人材マネジメントは、人事制度の優劣という仕組みを競う時代から、人材の獲得・育成の巧拙が問われる"War for Talent"（人材争奪戦）の時代を迎えているのです。

　この取り組みの一環として、これからいかに経営幹部人材を選抜し育成していくかが問われてくることでしょう。

❖ホワイトカラー大量高齢化時代へ向けた人材課題

　ここで少し立ち止まって考えるべき課題があります。それは、これからのホワイトカラー大量高齢化時代へ向けた人材課題についてです。その背景には、多くの企業で採用されている役職定年にともなうポストオフの実施や、高年齢者雇用安定法の改正にともなう65歳までの雇用延長への対応があります。

　昨今の組織規模の拡大が望めない経営環境を前提とすれば、社内の主要ポストの数は限られてきます。これから無尽蔵にポストが増える可能性は皆無に近い。したがって、主要ポストやポジションのみで社員の働く意欲を喚起し処遇することには、いずれ限界が生じてきます。

　そんななかで、現在多くの企業の社員構成でボリュームゾーンとなっているのが、50代の年齢に差しかかったバブル期入社組です。この年代は、その上下の年代と比較しても採用人数が多いため、経営幹部や管理職に登用されないままモチベーションを落としている社員も多数存在しています。社内における社員構成も、長引く不況のなかで採用抑制を続けた結果、30代の構成が極端に少なく、逆ピラミッド型やワイングラス型と呼ばれる社員構成の形

状を示す結果となっています。

　仮に管理職の立場にあっても、数年後にはポストオフがやってきて、役職を離れた彼らをどう処遇すべきかと思案している企業も数多く存在しています。なぜなら、長い間、管理職の立場にあった人材のなかには、役職ポストを降りたとたんに、実務ではまったく貢献できないであろう者も少なからず存在しているからです。加えて、数年後を想定すると、そんな彼らが定年を迎え、雇用継続を希望した場合、どんな職場で雇用を確保すべきか、職域確保という深刻な問題が浮上してくるのが容易に予想できるのです。

　このような状況のなかで、どれだけの人材が自分の仕事に対する適性や雇用延長後の自分の仕事を見据えてキャリアを考えているかというと、かなり疑問符がつく状況にあります。

　そこで、まずは、経営幹部や管理職をめざすマネジメント人材を中心とした単線型の処遇制度の変更をはかる必要性が出てくるでしょう。制度的には、複線型人事・処遇制度の整備を通じて、社内には、プロフェッショナルやスペシャリスト、エキスパートなど、マネジメント職を前提としない人材群も存在していることを明示して、できるだけ早いタイミングから、マネジメント人材以外の人材のキャリア開発に着手していくことです。

　これからの多くの職場は、文字通り「ダイバーシティ」（多様性）を前提として、さまざまな立場で働く人材のミックスやポートフォリオで仕事が進められていくことになります。経営幹部人材もそれ以外の人材も、モザイク職場の一員として、自分自身の期待役割を十分認識しながら組織に貢献していく時代となるのです。

【さらに学びを深めるための参考文献】

野村マネジメント・スクール『企業変革と経営者教育』野村総合研究所広報部、2000年
マネジメントサービスセンター『グローバルポジションを獲りにいく』東洋経済新報社、2017年
デービッド・A・ガービン『アクション・ラーニング』ダイヤモンド社、2002年
モーガン・マッコール『ハイ・フライヤー』プレジデント社、2002年
ラム・チャランほか『リーダーを育てる会社 つぶす会社』英治出版、2004年
エド・マイケルズほか『ウォー・フォー・タレント』翔泳社、2002年

第13章
人材開発体系高度化と
コーポレートユニバーシティ

❖「教育・学習」に関する高度化推進の経緯と課題認識

　C社では、「教育・学習」に関する高度化推進プロジェクト（通称「コーポレートユニバーシティ構想」）の検討を進めていました。

　前年から検討してきた教育改革は、当該年度に入り、教育改革の総仕上げとして、教育・学習（Off-JT)について他社との比較調査を実施し、そこから課題の整理を行いました。出てきた課題のうち重視すべきものとしては、リーダーシップやビジョン教育が、他社と比べて相対的に不足していることがあげられました。リーダーシップやビジョン教育は、差別化の源泉とみなしうるものですので、これは重要視すべきと判断できました。

　この結果から、企業としてビジョンや存在意義を徹底する「意識改革」が必要な段階にきていること、「いまなぜ、この教育が必要か」「本当に人材に課題があるのか」についての実証的ファクトでの分析が必要であり、早急に具体案を作成して議論すべきであること、すなわちビジョン教育を含めたリーダーシップ教育の必要性が提言されました。

　一方、「教育・学習」の受け手側である一般社員へのインタビュー調査も実施し、自律型キャリア形成支援のさらなる浸透徹底と、あわせて、教育・学習に関する設計の効率化と検証方法の高度化も提言されました。

　上記を整理すると、次のようになります。

【C社の課題認識】
 - 「変革」への熱意・意識改革の重視
 - 目線を高く「全社視点」でみる
 - 学習内容と実践とを結びつける

【具体的対策案】
 - 「組織のビジョン」を題材としたワークショップを研修の初回に組み入れる

図表13-1 研修プログラムの設計例（教育改革での検討を踏まえた全6回）

	第1回	-中①	第2回	-中②	第3回	-中③	第4回	-中④	第5回	-中⑤	第6回
初日午前	開講 / 経営理念WS（3H）	経営理念WSについて職場で意見を聞き自らの見解をまとめる	経営理念調査発表 / （クラス）人材マネジメント	戦略/リーダーシップ/マーケを選択し全社課題分析（個人）	中間個人発表（1人10分）		（クラス）財務会計	（宿題）簡易ケースによる財務分析	（クラス）問題解決		チーム作業
初日午後	（クラス）ロジカルシンキング									最終発表作業	
二日目午前		第2回事前読書	（クラス）マーケティング			第4回事前読書	（クラス）管理会計	第5回事前読書	チーム作業 全社レベル経営課題への提言		チーム発表
二日目午後	（クラス）経営戦略				講評						講評

- 社内専門家が自社の状況についてレクチャーするなど、参加者が「主体的にかかわる」セッション内容を設置する
- 全日程に一貫性をもたせるため、講師が一気通貫で監修する
- 講義と講義の間に職場で実践を促す仕掛けを考慮する
- 課題内容をコンサルタントが個別に採点指導する

　あわせて、プログラム終了時点のゴールとして、次の状態が達成できていることが掲げられました。

【プログラム終了時に見込まれる姿】

- 参加者が、各講義で対象とする「学びのポイント」の70％以上を理解し、自分のものとしている
- 経営理念の討議や習得した知識を用いて全社レベルの経営課題タスクと向き合う経験から、全社レベルでの経営意識を高める
- 参加者間での相互交流を通じ、あとの業務にも活かせるレベルの人的ネットワークを形成している

　これらを踏まえ、インストラクショナル・デザイン（効果的な教育設計法）の知見も踏まえて図表13-1のような研修プログラムが設計されました。

❖次世代リーダー開発を主眼とするコーポレートユニバーシティ

　近年、大企業を中心にコーポレートユニバーシティ（Corporate University；企業内大学）が設立されています。コーポレートユニバーシティとは、企業が人材育成を行う仕組みとして、単なる研修実施を手掛ける教育部門から脱し、自社の経営戦略との一貫性を重視して中長期的視点に立脚し、統合的な人材開発戦略をリードする機関と位置づけられています。「ユニバーシティ」と呼ばれる組織だけではなく、「インスティテュート」や「ラーニング・センター」などの名称が使われることもあり、総称してコーポレートユニバーシティ（CU）と呼ばれるようになりました。

　研修コンテンツとしては、次世代リーダー開発を主眼とし、専門知識やスキルの習得はいうまでもなく、大学の講義と同様、必修科目と選択科目に分かれ、履修計画を一人ひとりの学習目的に合わせて組み立てることもできるよう配慮されている場合もあります。

　ほとんどの場合、社内でも独立した教育機関として位置づけられ運営されており、講師は、研修プログラムの内容によって、該当する専門部署の社内講師が担当することもあれば、外部教育機関からの招聘講師が担当する場合もあります。最大の特徴は、当該企業の理念やビジョン、経営戦略に関することには、トップ経営陣によるコミットメントがきわめて大きいことです。経営的な革新を推進するため、また学習する組織というカルチャーを確立するため、CEO自らが登壇する機会も多くなります。

　もともとは、GEの第5代会長兼CEOのラルフ・コーディナーが、1956年、ニューヨーク州のクロトンビルに、リーダーを養成する場であるリーダーシップ開発研究所を設立したのが始まりといわれています。その後、モトローラやディズニー、マクドナルドなどが追随し、1990年代には多くの欧米企業がコーポレートユニバーシティを設立しました。現在では、コーポレートユニバーシティは、知識やスキルを相互学習して組織のナレッジに高めるための組織学習を促す重要機関として位置づけられるようになりました。

　あわせて、CLO（Chief Learning Officer；最高人材・組織開発責任者）の概念も生まれています。CLOに期待される役割としては、次の4つです。

　– 当該企業の戦略的方向性の理解

- 全社的視野に立った整合性ある講座の構築
- 学習重視のカルチャー形成
- 外部関係機関との連携構築

　日本では2000年代以降、ソニー、富士通、トヨタ、ユニ・チャーム、ローソン、ニチレイ、資生堂などで次々と設立されました。これまでは、一部の選抜された社員中心の教育に偏っていたりしましたが、最近では、「リベラルアーツ」（教養教育）に代表されるような、総合的な人間力強化のための教育やキャリア自律支援プログラム、働く意欲を醸成するためのモチベーション研修などを採用する企業も増えています。

❖ ブレない軸をつくるリベラルアーツの重要性

　人は誰でも生きていくうえで、ブレない軸をもつべきです。「リベラルアーツ」（教養教育）が再び注目されるようになったのは、2010年代に入ってからのこと。かつてヨーロッパの大学で学問の基礎とされてきた7科目（文法、修辞、論理、算術、幾何、天文学、音楽）は、「人間を自由にする学問」ととらえられ、人が人格を形成するうえで揺るぎない基盤を与えるものとされてきました。それが、ここにきて再び脚光を浴びています。

　これから企業のリーダーとなるべき人材も、素養としてのリベラルアーツを修めておくことには意味があるでしょう。幅広い見識に裏打ちされた洞察力や人間観察力が自ずと求められてくるからです。お気楽に学べる解説書や小手先の知識・スキルを身につけるためだけのノウハウ本が書店に溢れている現在、どっしりと腰を据えた大局観をもち世の動静を見極める力を身につける。それは、とりもなおさず自分自身を客観的にみつめ直す鍛錬にもなります。

　この数年の間に急速にわれわれの生活に浸透してきているAI（人工知能）については、「シンギュラリティ」（技術的特異点）がまことしやかに語られ、「AIは人類を超えるのか？」と話題になっています。人事の領域においても「HRテック」が身近な用語となってきました。

　そんな渦中にあって「われわれはどこから来たのか？　そしてどこへ行くのか？」といったテーマをあらためて問い直してみることも、時には重要と

図表13-2　リベラルアーツ関連書籍の一例

ジャンル	書籍名	ジャンル	書籍名
人類史・未来学	・ユヴァル・ノア・ハラリ『サピエンス全史』(上・下)河出書房新社 ・ユヴァル・ノア・ハラリ『ホモ・デウス』(上・下)河出書房新社	政治・経済・哲学	・マックス・ウェーバー『プロテスタンティズムの倫理と資本主義の精神』日経BPクラシックス ・山本七平『新装版 山本七平の日本資本主義の精神』ビジネス社 ・渋沢栄一『論語と算盤』角川ソフィア文庫
	・梅棹忠夫『文明の生態史観』中公文庫 ・イマニュエル・ウォーラーステイン『ヨーロッパ的普遍主義』明石書店 ・松原久子『驕れる白人と闘うための日本近代史』文春文庫		・マイケル・サンデル『これからの「正義」の話をしよう』早川書房 ・飲茶『正義の教室』ダイヤモンド社 ・マルクス・ガブリエル『なぜ世界は存在しないのか』講談社選書メチエ
	・エイミー・ウェブ『シグナル』ダイヤモンド社 ・クリストフ・ボヌイユほか『人新世とは何か』青土社 ・デービッド・アトキンソン『日本人の勝算』東洋経済新報社		・デイヴィッド・ハルバースタム『ベスト&ブライテスト』(上・中・下)二玄社 ・戸部良一ほか『失敗の本質』中公文庫 ・森嶋通夫『なぜ日本は没落するか』岩波現代文庫
日本・日本人論	・新渡戸稲造『武士道』岩波文庫 ・鈴木大拙『日本的霊性』角川ソフィア文庫 ・白洲次郎『プリンシプルのない日本』新潮文庫	異文化・人間論	・カズオ・イシグロ『遠い山なみの光』ハヤカワepi文庫 ・カズオ・イシグロ『日の名残り』ハヤカワepi文庫 ・カズオ・イシグロ『特急二十世紀の夜と、いくつかの小さなブレークスルー』早川書房
	・河合隼雄『中空構造日本の深層』中公文庫 ・ジョージ・コーリーザーほか『セキュアベース・リーダーシップ』プレジデント社 ・ハーバード・ビジネス・レビュー編集部(編)『オーセンティック・リーダーシップ』ダイヤモンド社		・エリン・メイヤー『異文化理解力』英治出版 ・G・ホフステードほか『多文化世界［原書第3版］』有斐閣 ・トーマス・フリードマン『遅刻してくれて、ありがとう』(上・下)日本経済新聞出版
	・渡辺京二『逝きし世の面影』平凡社ライブラリー ・ルース・ベネディクト『菊と刀』講談社学術文庫 ・ヘレン・ミアーズ『アメリカの鏡・日本 完全版』角川ソフィア文庫		・手塚治虫『鉄腕アトム』(全21巻＋別巻2巻)秋田書店 ・手塚治虫『火の鳥』(全14巻)角川文庫 ・手塚治虫『ブラック・ジャック』(全17巻)秋田書店

出所：吉田寿「人事の軸をつくるこの本」(『人事実務』2019年4月号～2020年3月号連載)

なります。ジャンルを問わず、**図表13-2**に掲げるような書籍を手元に引き寄せ虚心坦懐に学ぶことも、リーダー開発には必要となるのです。

　そこで、社内において、少なくとも「志」を同じくする仲間たちと切磋琢磨する機会をつくる。ともすると、日常業務に埋没しがちになるので、ある意味でスパイス的に、あるいは一種の刺激剤として、学びの機会を活用していく。そんなところから、「社内塾」や「社内道場」のような活動を奨励する企業も増えてきました。

　人類の新たな運命を果敢に想像する力がいま、求められています。コーポレートユニバーシティのカリキュラムを通じて学びの機会を得ることも、重要性が増しているのです。

❖ビジョンの位置づけと経営理念ワークショップ

　研修プログラムの強化に際しては、会社のビジョン・価値観などを題材に双方向で話し合うセッションを設ける企業も増えています。昨今の価値観の多様化に対応し、企業としての求心力を回復するための手段としての位置づけとも考えられます。

　たとえば、従来型のビジョンの共有は、トップによる訓示などが主流であり、企業側の一方的な価値観の押し付けに終始しているケースも多かったと思います。しかし最近のトレンドは、一人ひとりの違いを尊重した、参加者間での双方向の話し合い（ダイアローグ）が主流となっています。

　そこでは、たとえば次のような寓話を題材としたディスカッションが行われています。

【ビジョンの大切さ】石切工の寓話

　ある建築現場で働く３人の石切工がいました。「何をしているのか？」と聞かれ、彼らは次のように答えたといいます。

　第１の男は「みればわかるだろ。これで生計を立てているのさ」

　第２の男は手を休めずに「国でいちばんの石切の仕事をしているんだ」

　第３の男は目を輝かせて「国でいちばんの大聖堂を建てているのさ」

　これは、仕事をするうえで、ビジョンの重要性を語る場合によく引き合いに出される寓話です。第１の男にみえているのは、生活手段としての目先の給料のことだけです。彼は、おそらく大きな過ちを犯すことはないかもしれませんが、日々同じことを繰り返すだけで今後の成長はないでしょう。第２の男にみえているのは、石と自分のことだけです。専門スキルは磨けても、現場全体のなかでの自分の仕事の意味合いや、現場がめざしている最終的な目的までおそらく理解していません。

　しかし、第３の男は、他の２人の男たちとは明らかに異なっています。彼は、いま自分が手掛けている仕事の意味を、その仕事の全体像を通して理解することで、それを「ビジョン」にまで高めているからです。

　一般的にビジネス・ヒエラルキーは、**図表13-3**のように整理されます。ここで、それぞれのレイヤー（階層）の意味するところは、

［企業理念］企業の存在理由や経営の姿勢、行動指針などの価値観を表現し

図表13-3　ビジネス・ヒエラルキーの各階層

たもの

［ビジョン］中長期的な企業の「ありたい姿」を表現したもの

［戦略］こうした上位の価値観や将来の姿を実現するために、もっとも重要なとるべき行動の構想を示したもの

［計画］戦略を実現するためにつくられた行動計画のこと

であり、計画に基づき、その進捗管理を行いながら日常業務が展開されます。

　これに、先ほどの大聖堂建設の事例を当てはめると、たとえば、

　　－企業理念：教えの素晴らしさを世界に広める

　　－ビジョン：5年後に国でいちばんの大聖堂を建設する

　　－戦　　略：最新の建設技術とデザインを採用する

　　－計　　画：50キロの石を1人1日10個運ぶ

のように整理でき、よりわかりやすくなります。

❖ビジョナリー・カンパニーの強さ

　経営理念やビジョンについて検討する際に、必ずといってよいほど引き合いに出されるのが、コリンズほか『ビジョナリー・カンパニー』（日経BP）です。C社の経営理念ワークショップの際も、事前課題として同書が取り上げられました。1990年代に出版された書籍ですが、今日に至るまで読み継が

れている、得るところの多い文献といえます。

　同書によれば、ビジョナリー・カンパニーとは、「先見性を持った未来志向型企業のことで、商品やサービスのライフサイクルを超え、優れた指導者が活躍できる期間を超えて、永続的に繁栄し続ける企業」のことであり、「基本理念（ビジョン）を維持し、進歩を促す仕組みをつくる経営」としています。そして、３Ｍやヒューレットパッカードなどを業界で卓越した業績を上げている企業として、以下の特徴をあげています。

● 利益を越える：収益力は、会社が存続するために必要な条件であり、最も重要な目的を達成するための手段だが、それのみを目的としない
● 基本理念の重要性：基本理念＝基本的価値観＋目的
　－ 基本理念の社員に対する浸透を徹底し、理念を中心に強力な文化をつくり出す
　－ 基本理念に適合するかどうかを基準として経営陣を慎重に育成し、選別する
　－ 目標、戦略、戦術、組織設計などで、基本理念との一貫性を持たせる
● 基本理念を維持し、進歩を促す

　ひるがえって、日本企業でビジョナリー経営に成功しているところとして、たとえばデンソーでは、グローバル化の加速を契機として、32ヵ国・地域、12万人のグループ社員に対して、10年がかりでビジョンを浸透させる計画を推進しました。グローバル企業としてあらためてビジョンを再定義し、社員の意思統一をはかる必要に迫られたからです。「プロモーター」と呼ばれるローカル社員が、「先進」「信頼」「総智・総力」からなる「デンソースピリット」の現地への浸透に尽力しています。

　ユニ・チャームは、創業の精神を受け継いで、経営トップから社員一人ひとりまでが、「尽くし続けてこそNo1」「変化価値論」「原因自分論」の「３つのDNA」をもとに共通の価値観をもつようにしています。また、この３つのDNAを浸透させるために「ユニ・チャーム語録」を作成し、全社員に配布。独特の「共振の経営」実現のために、新たな経営フィロソフィーの確立に取り組んでいます。

　サイバーエージェントは、みなで共有するビジョンづくりが特徴です。同

社のビジョンは「21世紀を代表する会社を創る」です。社員全員が原点を確認し思いを共有するために、行動規範として小冊子「マキシムズ」を作成。基本ルールを共有し常に意識させるため、トイレのなかに「CyberAgent Mission Statement」を掲げるというユニークな取り組みを実践しています。

　ちなみに、グローバル企業の場合、自社の経営理念の現地への浸透については、グローバル・レベルでの規範的統合の観点からも、熱心に取り組んでいる企業が多いのが特徴の一つといえます。

✤次世代リーダー開発プログラム

　ここで、コーポレートユニバーシティの一環として取り組んだD社の次世代リーダー開発プログラムの事例を紹介しましょう。次世代リーダー開発プログラムは、テーマ別研修（MBAプログラム）とプロジェクト演習（アクション・ラーニング）のミックスで検討されました。実施要領は、次のとおりです。

［ねらい］変革型リーダーの育成、視野の拡大

［対象者］部・課長クラス

［人数］１回20名程度（４人×５グループ）

［期間］６ヵ月（１セット／月を６回、１セットは１泊２日（初日10：00～21：00／２日目9：00～16：30）の15時間

［場所］都内研修施設

［研修スタイル］テーマ別研修（各回ごとの設定テーマに基づく「講義」と「ケーススタディ」）およびプロジェクト演習（グループで課題を設定し、グループディスカッションを通じて結論を出す）。プログラム終了時に、社長／経営陣に提言という形で発表

［人選方法］初回は常務・理事クラスが参加者を選定、２回目以降は研修参加者が次回参加者を推薦指名（指名対象は部門を問わない）

　具体的なプログラム運営プランは、**図表13-4**のとおりです。

✤教育研修の効果測定

　多くの企業の人材開発部門では、ともすると研修実施が目的化してしま

図表13-4　プログラム構築の運営プランと視点例

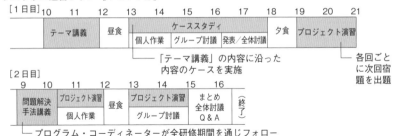

プログラム運営プラン《1セット分》

[1日目] 10 11 12 13 14 15 16 17 18 19 20 21

| テーマ講義 | 昼食 | ケーススタディ（個人作業／グループ討議／発表・全体討議） | 夕食 | プロジェクト演習 |

「テーマ講義」の内容に沿った内容のケースを実施

各回ごとに次回宿題を出題

[2日目] 9 10 11 12 13 14 15 16

| 問題解決手法講義 | プロジェクト演習（個人作業） | 昼食 | プロジェクト演習（グループ討議） | まとめ全体討議 Q&A | （終了） |

プログラム・コーディネーターが全研修期間を通じフォロー

プログラム構築の視点

D社に求められるリーダーの条件（仮説）
- 広い視野を持ち、複眼的思考をする
- 論理的思考により、合理的な意思決定を行う
- 限られた条件のもとで、将来の予測を行う
- 外部情報へ感度の高いアンテナを持っている
- 新しい方向性への強い信念
- 自分の考えと言葉で発信する
- 主体的行動と挑戦意欲を持っている
- 自らの強み／弱みを認識している

強化・開発するためのトレーニングメソッド

- 講義により強化・開発
- ケーススタディにより強化・開発
- 講義／課題演習により強化・開発
- 課題演習により強化・開発
- ケーススタディにより強化・開発
- 360度評価、各種自己分析テスト等により、「気づき」を促す

い、企画した研修が実施の運びとなるとそれで安心してしまって、その後のフォローが十分にできていないというケースがよく見受けられます。研修も、教育投資の一環として一定の費用をかけて実施する以上、その費用対効果を確認する手段や方法は、研修企画の段階から考慮しておく必要があるでしょう。そんなところから、この教育研修実施後の効果測定を重視する企業も増えてきています。

研修効果の測定方法としては、ドナルド・L・カークパトリックが1959年に提唱した4段階評価モデルがつとに有名ですが、ジャック・フィリップスが1996年にROI（Return On Investment；投資対効果）を加えた5段階評価モデルもあります（**図表13-5**）。

ちなみに、研修におけるROIの算出方法は、次のとおりです。

ROI＝研修によって得られる利益／研修にかかる費用

なお、このカークパトリック・モデルは、息子のジェームス・D・カークパトリックによって、ニューワールド・カークパトリック・モデルとしてリニューアルされています。ニュー・モデルにおいて、カークパトリック・モ

図表13-5　カークパトリック-フィリップス・モデル

	効果測定方法（例）
Level5:ROI 投資 対 効果の評価	・ROI分析
Level4：Results （結果） ビジネス成果の評価	・目標達成度、業績数値
Level3：Behavior（行動） 行動変容の評価	・本人・上司へのインタビュー ・360度フィードバック・サーベイ
Level2：Learning（学習） 学習の到達度の評価	・研修内容に対する達成度テスト
Level1：Reaction（反応） 研修の満足度	・研修終了後の受講アンケート

デルの各レベルに追加された評価指標は、次のとおりです。

［Level 1］エンゲージメントと業務との関連性（エンゲージメントとは「研修に主体的に参加できたか」、業務との関連性は「研修内容を活用できる場があるか」）

［Level 2］自信とコミットメント（自信とは「研修内容を活用できる自信があるか」、コミットメントとは「研修内容を活用する意思があるか」）

［Level 3］行動を促進するシステム（行動を促進するシステムとは、「成果につながる行動を促進するための仕組み」のこと。そのためには「観察、調整、勇気づけ」が必要）

［Level 4］先行指標

　従来型のカークパトリック・モデルでは、研修が業績に与える影響については、現実的には測定不可能でした。そこで、ニューワールド・カークパトリック・モデルでは、中長期的な業績に影響を与える短期的な指標を設けて、先行指標として測定する評価指標が加えられました。

　これらの工夫によって、これまで測定がむずかしかった体験型研修の評価や効果測定にも役立つよう見直しが加えられています。

図表13-6　研修プログラム開発の共創プロセス

オリジナル研修プログラムの作成については、下のフローのようにクライアント企業の
ニーズを確認しながら、共同作業を経て最適な研修パッケージを作成する

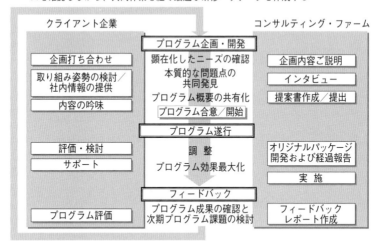

こうして、当該企業のニーズにマッチした教育研修プログラムは、**図表
13-6**のようなクライアントとコンサルタントなど教育研修プログラム提供者
との間での共創のプロセスを経て、最終的に開発されていきます。

【さらに学びを深めるための参考文献】
中谷巌『不識塾が選んだ「資本主義以後」を生きるための教養書』集英社インターナショナル、
　2013年
中谷巌『「AI資本主義」は人類を救えるか』NHK出版新書、2018年
瀬木比呂志『リベラルアーツの学び方』ディスカヴァー・トゥエンティワン、2015年
レイ・カーツワイルほか『ポスト・ヒューマン誕生』NHK出版、2007年
コリンズほか『ビジョナリー・カンパニー』日経BP、1995年

第14章
グローバル人材育成の潮流

❖英語の世紀のなかで日本語は亡びてしまうのか

　「然し是からは日本も段々発展するでせう」と弁護した。

　すると、かの男は、すましたもので、

　「亡びるね」と云った。

　これは、夏目漱石の『三四郎』の一節から始まる水村美苗の『日本語が亡びるとき』（筑摩書房）の書き出しです。日本が…日本語が亡びてしまう？本当にそんな時代がきてしまうのだろうか、と思ったことをいまでも印象深く覚えています。

　人事コンサル業界では、2010年を日本企業の「グローバル人材育成元年」と位置づけました。そのくらい、グローバル人材の育成にスポットライトが当てられ、話題に取り上げられた年でした。

　この年、楽天は社内公用語を英語に統一。三木谷社長は、ビジネス雑誌のインタビューに答えて、「英語ができない役員はクビにする」と公言し、中国、インドなどの外国籍社員の採用を急拡大しました。ユニクロを展開するファーストリテイリングも、社内公用語は英語です。長期経営計画では、売上は国内2割、海外8割と定めました。パナソニックは、社員の採用基準を2011年度に全世界で統一。経営理念や価値観を共有できる人材を採用するとともに、新卒採用の8割を外国人にすると発表しました。これは、当時「パナソニック・ショック」と呼ばれたものです。

　このような日本企業に対して、たとえばサムスンでは、1990年代の頃から、入社3年目以降の社員約200人を毎年1年間世界各地に送り出し、語学研修、地域調査、現地での人脈づくりなどを行う「地域専門家制度」を展開して、企業と人材のグローバル化を強力に推進していました。日本企業はかなりの距離を開けられていたのは、いうまでもありません。

　英語についても、世界で通用する「グローバル・イングリッシュ」

（Globish；グロービッシュ）が話題となり、これからは少なくとも3ヵ国語（日本語、英語、中国語）が駆使できるくらいにならないと、真のグローバル人材になれないといわれたりもしました。「ソフトバンク、TOEIC900点で社員に100万円支給」。そんな記事が新聞にも取り上げられました。

現在、グローバル人材育成はどのようになっているのでしょうか。

❖あまりバラ色ではない日本の未来

日本はいま、人口減少社会の真っただ中にあります。**図表14-1**にみるように、日本の総人口は2004年をピークに今後、100年間で100年前（明治時代後半）の水準にタイムスリップする可能性があります。この変化は、1000年単位の歴史でみても、世界的に類例のないきわめて急減な人口減少です。

人口減少とともに国内市場が縮小していくことが明らかとなれば、企業は新たな市場を求めて海外へ進出せざるをえなくなります。たとえば、外務省の「海外在留邦人数調査統計」などから、全世界および地域別民間組織赴任者の推移をみてみると、邦人赴任者数は、欧米もさることながら、近年ではアジアの伸びが顕著なことがよくわかります。つまり、先進国よりも新興国

図表14-1　日本の長期人口推移と今後の予測

日本の人口の長期的かつ劇的な減少（1000年単位の歴史でみても、世界に類をみないきわめて大きな人口減少）

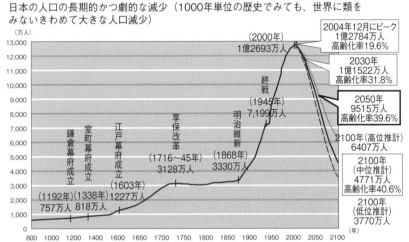

出所：国土交通省『国土の長期的展望』中間とりまとめ（2011年）

への赴任者が増えており、グローバル人材として従来にも増してタフな人材
要件が求められてきていることは事実でしょう。

　2010年に内閣府がまとめた「世界経済の潮流」によれば、2030年の世界経
済における日本のプレゼンスの低下は歴然としていました。世界経済におけ
る日本のプレゼンスが際立っていた1980年代には、「ジャパン・バッシング」
（日本叩き）がさかんに喧伝されました。しかし近年は、「ジャパン・パッシ
ング」（日本素通り）から「ジャパン・ナッシング」（日本無視）へ、さらに
は「ジャパン・クラッシング」（日本崩壊）とまでいわれています。

　一方、世界に占める中国のGDP（国内総生産）は、2030年には23.9％と予
測されています（**図表14-2**）。日本の４倍の経済大国となり、アメリカを抜
いて世界一の座を占めるとされる中国がGDPの規模で日本を抜き世界第２
位となったのは、2010年のことです。

　スイスのローザンヌにあるビジネススクールIMD（International Institute
for Management Development）は「世界競争力年鑑」（World Competitiveness
Yearbook）を毎年、発表しています。この結果からも、日本の競争力が長
期低落傾向にあることが如実にわかります。日本の総合順位の変遷をみる
と、同年鑑の公表が開始された1989年から1992年まで１位を維持していたも
のの、その後順位を下げ、2019年では過去最低の30位まで落ち込んでいま
す。まさに「失われた30年」の間に、世界からみた日本の実情は、経済大国
という過去の栄光の残滓を引きずる大方の日本人のイメージとは、かなり乖

図表14-2　2030年の世界経済の姿（世界のGDPに占める主要国の割合）

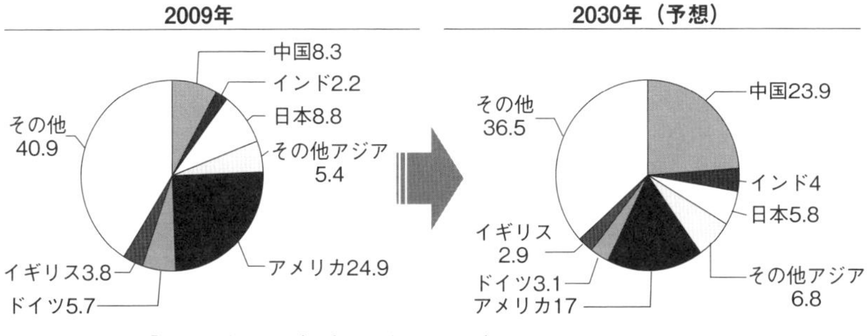

出所：内閣府「世界経済の潮流」（2010年5月28日）

離していることを認めざるをえません。

❖海外勤務を嫌う日本人の増加－内向き志向が鮮明に

　産業能率大学が定期的に実施しているものに「新入社員のグローバル意識調査」があります。その2017年調査結果によると、海外で働いてみたいかを尋ねた質問に対して、「働きたくない」とする回答が60.4％（前回比-3.3ポイント）で、過去2番目に高い数値となっています（図表14-3）。

　この調査が最初に注目を集めたのは、2010年のこと。新入社員の2人に1人（49.0％）が「海外で働きたいとは思わない」と答え、話題を呼びました。直近の調査からは、この傾向がさらに進んでいることがうかがえます。働きたくない理由としては、①海外勤務はリスクが高いから（56.1％）、②自分の能力に自信がないから（54.6％）、③海外に魅力を感じないから（44.4％）、の順でした。同じ年に、同大学は、「ビジネスパーソンのグローバル意識調査」も実施していますが、何とビジネスパーソンの3人に2人（67.0％）が「海外で働きたくない」と答え、これまた話題となりました。

　このような結果から、「ひきこもる日本人の増大」「内向き志向が鮮明に」といったコメントが飛び交いました。「グローバル」を中国語で記すと「全球的」となりますが、「全球的思考に欠ける日本人」「ぬるい意識・感覚」な

図表14-3　「海外で働きたいとは思わない」社員の増加

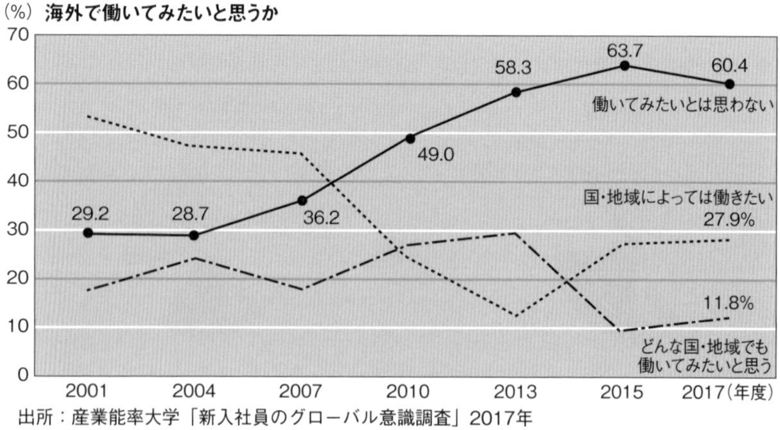

(%) **海外で働いてみたいと思うか**

出所：産業能率大学「新入社員のグローバル意識調査」2017年
（https://www.sanno.ac.jp/admin/research/global2017.html）

どと表現されたり、当時話題となっていた本のタイトルから『パラダイス鎖国』（海部美知、アスキー新書）とも形容されました。つまり、危険な思いをしてまで海外へ行くより、週末は限られた（鎖国状態のような）エリアの近場の温泉でぬくぬくと過ごしたほうがよいとする考え方です。

　そうした個人の考えとは裏腹に、企業としては「世界で闘える人材」の確保・育成が喫緊の課題とする調査結果が出ていたのも事実です。経済産業省が2010年に公表した「グローバル人材育成に関するアンケート調査」では、日本企業の最大の課題は「グローバル化を推進する国内人材の確保・育成」（74.1％の企業が「課題」と認識）と答えていたのです（**図表14-4**）。これは、たとえば2017年に総務省が出した「グローバル人材育成の推進に関する政策評価書」においても、調査対象となった企業のうち7割の企業で人材が不足していると回答しており、グローバル人材の採用・育成が最重要課題であるとする傾向に変わりはありませんでした。

❖グローバル人材を定義すると…

　ここでいうグローバル人材とはどのような人材でしょうか。その定義は実にさまざまですが、文部科学省が主体で設置した産学連携によるグローバル人材育成推進会議がまとめた「産学官によるグローバル人材の育成のための

図表14-4　いま求められる「世界で闘える人材」

Q．海外拠点の設置・運営に際して、貴社が直面されている課題や問題はありますか？
　　また、それはどのようなものでしょうか？（n：263）

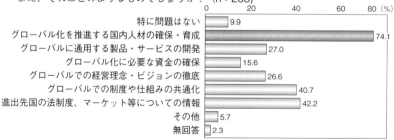

回答対象：海外拠点を設置している企業、現在は設置していないが、すでに計画中である（近々、海外拠点を設置する）企業、および海外進出のノウハウやリソースがないため海外展開の意思はあるが予定はない企業
出所：経済産業省「グローバル人材育成に関するアンケート調査」（2010年4月）

戦略」（最終報告書、2011年）では、次のように定義しており、比較的納得がいくものになっています。

「世界的な競争と共生が進む現代社会において、日本人としてのアイデンティティを持ちながら、広い視野に立って培われる教養と専門性、異なる言語、文化、価値を乗り越えて関係を構築するためのコミュニケーション能力と協調性、新しい価値を創造する能力、次世代までも視野に入れた社会貢献の意識などを持った人間」

　ここで特に重要と思われるのが、「日本人としてのアイデンティティを持ちながら」の部分です。とかくグローバル化というと、英語をはじめとする外国語を駆使して、異文化にも精通し、多様な価値観をも許容して、ということになり、何だか自分が日本人としてのアイデンティティをなくして無国籍化することのようにも思えます。

　しかし、グローバル社会で活躍するような立場になればなるほど、自分が日本人であることの自覚や、日本人としての所作・振る舞い、日本や日本文化を語れる素養や教養が大切になってきます。実際、グローバル人材の育成で最近再評価されているものに、広い教養を養う学問としての「リベラルアーツ」（教養教育）があります。

　第13章でも述べたように、業務知識やスキルの重要性を否定するものではありませんが、仕事に対する大局観をもつことや、人類の歴史や文明に関する造詣を深め、世界をみる視点を磨くことは、グローバル社会を生き抜くうえでとても重要です。

❖日本人がグローバル人材となるための要件

　それでは、これから日本人がグローバル人材となっていくためには、どのような要件を備える必要があるでしょうか。必要な要件を整理すると、次の3つになります。

1. 仕事力（プロフェッショナリティ／スペシャリティ）

　ビジネスの世界でもスポーツの世界でも、グローバルに活躍している人たちは、自分自身の専門領域で卓越した力量を発揮しています。つまり、まずは「卓越した専門性」です。決して、語学力にだけ長けているからグローバ

ルに活躍できているわけではありません。

　仕事のプロやスペシャリストになるための「仕事力」を磨くことが、世界で闘える人材になるための第一歩です。

２．人間力（パーソナリティ）

　仕事力に加えて重要なのが、揺るぎない「人間力」を身につけることでしょう。人間力とは、それぞれの人のパーソナリティを土台とした全人格の錬磨であり、人としての魅力の発揮であり、本当の意味でのリーダーシップの発揮です。

　日本人がもっとも苦手とするものにダイバーシティ（多様性）への対応がありますが、異文化理解や異文化コミュニケーションの実践に立脚した真のリーダーシップがとれる人材の育成が必要です。

　この人間力と仕事力とのバランスが、「グローバル・リーダー」には特に求められます。そのための、グローバル・マインドセットの涵養が重要です。「世界とともに磨く人間力」がキーワードです。

３．語学力（グローバル・イングリッシュ）

　2011年に邦訳が出されたジャン＝ポール・ネリエールの『世界のグロービッシュ』（東洋経済新報社）で、いわゆる「グローバル・イングリッシュ」あるいは「グロービッシュ」（Globish）が一躍話題となりました。いまや世界で英語を話す人口の７割強は、英語を母語としないノン・ネイティブ・スピーカーで、彼らの話す英語は1500語で十分とのことでした。必要単語が1500語でよいといわれれば、英語が苦手な者には福音ともとれるでしょう。

　日本人も、少なくともこれからは、まずはこのグロービッシュから始めてみるという考え方もあります。その際に重要なのは、決してネイティブのように話せる必要はないということです。日本人なら、自国や自分の立場を主張できる「品格ある日本人の英語」を、まずは身につけてください。

❖日本人および日本企業が克服すべき課題

　真に世界に通用するグローバル人材の育成に向けて、日本人および日本企業が克服しなければならない課題も、もちろんあります。ここでは、それを３つのポイントで説明しましょう。

1．異文化マネジメント

　日本人が海外でうまく仕事ができない大きな理由に、異文化をよく知らないことがあげられます。

　これまでは、日本という島国のなかで自己完結的に仕事や生活ができていました。人種的にも、多様化せずとも済んでいました。これに対して、海外で仕事をする場合、国と国との文化の違いを押さえておくことが重要です。やってはいけない「禁じ手」のようなものも存在します。

　したがって、このような異文化環境に慣れる経験を増やすとともに、グローバルに通用する真のマネジメント人材やリーダー人材の育成に注力する必要が出てきています。最近では、一定期間、まったく言葉も通用しないような国・地域に滞在して、その土地で与えられたミッションを独力で完遂（ミッション・コンプリート）するような、かなりのタフネスさが求められる体験型研修プログラムも好評を博している状況です。

2．ネゴシエーション

　たとえば、典型的なアングロサクソン型が「議論の文化」であり、「交渉の文化」に根差しているものとすると、従来の日本型は「察しの文化」であり「和の文化」に代表されるといった違いが存在しています。

　これは、**図表14-5**に示すように、「ハイコンテクスト文化」と「ローコンテクスト文化」の違いで説明できます。

　日本人同士であれば、お互いに背景的な理解が高い（ハイコンテクスト）状態なので、あまり多くを語らずとも「あうんの呼吸」で理解し合えます。しかし、たとえば相手がアングロサクソンの場合には、お互いの背景的な理解が高くない（ローコンテクスト）ため、互いに議論し、交渉し、主張し合う必要が生じるのです。海外に出ると、多くの場合、ローコンテクスト社会のため、それを前提としたコミュニケーションが求められます。

3．プレゼンテーション

　パワーポイントの普及とスキルの向上で、日本人でもプレゼンテーションをそつなくこなす人が増えています。テレビやYouTubeなどでも、著名プレゼンターのプレゼンテーションを観ることができ、プレゼンに関する教材も充実してきたので、かつてほどプレゼン下手が多いとは思えませんが、そ

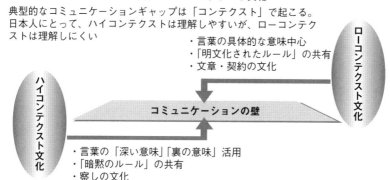

図表14-5　ハイコンテクスト文化とローコンテクスト文化

典型的なコミュニケーションギャップは「コンテクスト」で起こる。
日本人にとって、ハイコンテクストは理解しやすいが、ローコンテクストは理解しにくい

ハイコンテクスト文化

ローコンテクスト文化

・言葉の具体的な意味中心
・「明文化されたルール」の共有
・文章・契約の文化

コミュニケーションの壁

・言葉の「深い意味」「裏の意味」活用
・「暗黙のルール」の共有
・察しの文化

れでも弱い分野であることに変わりはないでしょう。

　ガー・レイノルズの『シンプルプレゼン』（日経BP）によれば、アリストテレスの昔から、プレゼンテーションに求められるのは、「Logos」（ロゴス；論理性）と「Pathos」（パトス；情熱）と「Ethos」（エトス；信頼感）で、この３つの要素をバランスよく調和させることが、プレゼンテーション成功のカギといえます。

　つまり、プレゼンは論理一辺倒では不十分なので、誠実さや信頼感などのプレゼンターの人柄を垣間見せ、そこにほとばしる情熱が加われば、オーディエンス（聴衆）の感情に訴えることができるということです。

❖グローバル人材を処遇する３つの基本インフラ

　グローバル人材を処遇するためのインフラづくりも、**図表14-6**のように進んできています。グローバル人材マネジメントにおける基本インフラは、「グローバル・グレード制」「グローバル人材データベース」「タレント・マネジメント」の３点がセットで語られています。

　グローバル人材マネジメントのポイントは、「適所」に「適材」をいかに配置するかにあります。「適材適所」はよく耳にする言葉ですが、グローバル人材マネジメントを前提とする場合には、「適所適材」という表現がよく当てはまります。グローバル人材マネジメントの３つの基本インフラは、この適所適材を実現するために重要となります。

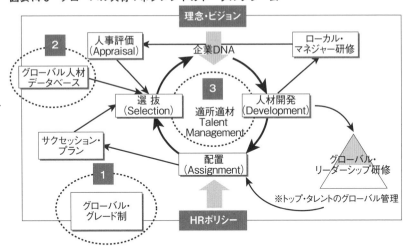

図表14-6 グローバル人材マネジメントのトータルフレーム

1．地域特性をも考慮したグローバル・グレード制の構築

　グローバル企業の段階まで企業のグローバル展開が進んでくると、「グローバル・グレード制」の整備が求められてきます。これは、活躍する人材の地理的な範囲ごとにその処遇水準を決めていく制度です。

　ここでいう「グローバル人材」とは、文字通り、国境や地域を超えて地球規模的に職務を遂行する人材です。活動範囲はグローバルであり、その範囲内でのローテーションがありえます。これに対して「リージョン人材」という呼び方もありますが、これは欧州地域や北米、アジア地域といった、一国を超えた広域（リージョン）で職務を遂行する人材のことです。これが「ローカル人材」となると、特定の国・地域のなかでのみ職務を遂行する人材となります。

2．グローバル人材データベースの整備

　適所適材をはかろうとしても、海外のどの国・地域にどんな人材がいるか、あらかじめデータを整備し可視化できていないと、タイムリーな人材の選抜や適正配置が実現できません。そんなところから、グローバル人材マネジメントを実践するうえで、グローバル・レベルでの人材データベース化が求められてきます。

今後は、海外も含めたグループ企業内に、現在どんな社員がいて、将来的に自グループのどのポジションでどのように活躍してもらうか、綿密に検討できる環境整備が必須となってくるでしょう。そのためにも、海外も含めたグループ全体でキーとなるポジションを選定し、その職務要件を整理するとともに、各社員の専門性やコンピテンシーを登録・整理して、しかるべきポジションにしかるべき人材をマッチングできるような環境にしていくことになります。グローバル・レベルでの人材アセスメント・ツールの整備も必須となってくるでしょう。

３．グローバル人材を計画的に輩出させるタレント・マネジメント

　少し前までは、「タレント・マネジメント」というと、ごく一部の限られたタレント（資質・能力）をもつエリート社員を、どうマネジメントするかが最大のテーマでした。しかし最近は、貴重で希少な経営資源としての社員一人ひとりのタレントをどう見出し、戦略的に活用するかがもっぱらの関心事となってきています。

　タレント・マネジメントについては、特にグローバル市場を視野に入れた今後の展開を考えていくうえで、避けては通れないテーマとなりました。優秀な人材の採用に始まり、そこからしかるべき人材を選抜してOJTで鍛え上げ、計画的なキャリア開発をはかります。また、キーポジションに就いている現在のキーパーソンのみならず、その次にきたるべき後継者育成にも注力し、定期的に人材のパフォーマンスを評価します。さらに、人材のモチベーションの維持・向上に努め、定期的に人材をAttract & Retain（惹きつけ・引きとめ）するための施策を実践していくことになります。

【さらに学びを深めるための参考文献】
水村美苗『日本語が亡びるとき』筑摩書房、2008年
海部美知『パラダイス鎖国』アスキー新書、2008年
ジャン＝ポール・ネリエールほか『世界のグロービッシュ』東洋経済新報社、2011年
エリン・メイヤー『異文化理解力』英治出版、2015年
G・ホフステードほか『多文化世界[原書第3版]』有斐閣、2013年
ガー・レイノルズ『シンプルプレゼン』日経BP、2011年
白木三秀ほか『英語de人事』文眞堂、2020年
吉田寿『世界で闘うためのグローバル人材マネジメント入門』日本実業出版社、2012年

第15章

「学び直し」の時代へ

❖なぜいま、リカレント教育が注目されるのか

　人生において教育と就労のサイクルを繰り返す「リカレント教育」は近年、日本でも注目を集めるようになってきました。まずは、その潮流の背景をみてみましょう。

1．Society 5.0への本格的なシフト

　日本政府が2016年1月に閣議決定した「第5期科学技術基本計画」のなかで、新たな科学技術が牽引する次世代の社会像として初めて「Society 5.0」という概念が提唱されました。

　そこでは、人類が狩猟採取を中心に生活していたSociety 1.0、農耕を始めたSociety 2.0、第1次産業革命以降、約200年続く工業社会のSociety 3.0を経て、40〜50年前に突入した情報社会のSociety 4.0。そしてSociety 5.0ではICT（Information and Communication Technology；情報通信技術）を最大限に活用し、サイバー空間（仮想空間）とフィジカル空間（現実空間）を融合させ、これまでになかった新たな価値を産業や社会にもたらして人間を豊かにする、「超スマート社会」の実現をめざしています。それは、内閣府のホームページに基づけば、**図表15-1**のような社会です。

　確かに、近年のAI（人工知能）やIoT（モノのインターネット）の登場などで急激な技術革新が進み、市場も急速に変化しています。そのため、これまで慣れ親しんだ仕事のやり方が通用せず、まったく異なるスキルが必要とされる仕事が増えることが予想され、多くの企業にとって大きな課題となってきました。最近では、新しいデジタル・テクノロジーやビジネスモデルによって、既存製品やサービスのValue Proposition（提供価値）が変化する、いわゆる「デジタル・ディスラプション」といった現象が起こっており、技術革新や市場の変化にスピーディに対応するために、既存知識・スキルのアップデートと新たな知識・スキルの習得が求められています。その手段と

図表15-1　Society5.0で実現する社会

出所：内閣府ホームページより引用（https://www8.cao.go.jp/cstp/society5_0/index.html）

して、「リカレント教育」がキーワードとして語られるようになりました。

２．加速する雇用の流動化

　典型的な日本型雇用モデルでは、新卒で入社した企業で定年まで働く「終身雇用」が半ば常識でした。しかし近年は離・転職者も増え、雇用の流動化も進んできています。終身雇用の時代であれば、社内教育や実務を通じて仕事に必要な知識やスキルを身につければ、それで事足りていましたが、最近は社内教育だけでは必要な知識やスキルを習得できないという事態が生じてきています。そのため、これまでの企業主体の社内教育だけに頼るのではなく、社員自らが主体的な学びの機会をつくることが重要となってきました。自分主導のキャリアパスを描き、自ら学習する手段としてリカレント教育が注目されてきているのです。

３．「人生100年時代」の本格的到来

　日本が長寿大国であることは、論をまちません。平均寿命が延びたことで、本格的な「人生100年時代」が始まろうとしています。これまでは、定年制を一つの人生の節目として、そこに到達する以前の現役世代が中心となって仕事を担当してきました。しかし、世界で類例をみない人口減少と超

高齢社会が到来している日本においては、政府が掲げる「一億総活躍社会」のように、老若男女を問わず国民すべてが活躍することが求められてきています。就労期間が延びることで、自ずと定年退職後の再雇用や再就職、育休・産休後の仕事復帰やキャリアアップをめざす人たちも増えてきます。働く者すべてが活躍でき、仕事上のブランクをも乗り越えて就労できる環境を確保していくためには、絶えず新しい知識を身につけることが必要とされ、その手段として、リカレント教育が注目されているのです。

❖リカレント教育とは何か

　それでは、そもそもリカレント教育とは何でしょうか。文部科学省によれば、「「学校教育」を、人々の生涯にわたって、分散させようとする理念であり、その本来の意味は、「職業上必要な知識・技術」を修得するために、フルタイムの就学とフルタイムの就職を繰り返すことである」と定義しています。つまり、それは基礎学習を終えた社会人が、自身のキャリア開発のために、生涯にわたって教育と就労のサイクルを回すなかで、必要に応じて「学び直し」を繰り返し行うことにほかなりません。

　リカレント（recurrent）には「反復、循環、回帰」といった意味があります。そこから、リカレント教育は「回帰教育」や「循環教育」などともいわれています。義務教育や高校・大学などで学問を修めて仕事に就いてからも、必要に応じて学び直しが求められるため、「学び直し教育」や「社会人の学び直し」とも表現されています。学び直す社会人にとっては、新しい知識を身につけることで、その後のキャリアアップや転職時のアピール・ポイントとなるため、特に重要視されるようにもなってきました。

❖『LIFE SHIFT』の衝撃

「人生100年時代」という言葉を一躍有名にしたのは、ロンドン・ビジネススクール教授のリンダ・グラットンとアンドリュー・スコットによる著書『LIFE SHIFT』（東洋経済新報社）です。同書では、過去200年間の統計データから、今後も人の平均寿命は延びていくと予測し、寿命が100年の時代になることから、これまでのように寿命を80年として考えてきた人生設計

を抜本的に見直す必要があると訴えています。

　人が長く生きることが前提となってくれば、当然のことながら職業人生における考え方も変更を余儀なくされます。たとえば、人生が短かった時代では、「教育⇒仕事⇒引退」という単線型の３ステージの生き方（ライフモデル）を選択していました。しかし、寿命が延びれば、２番目の「仕事」のステージが長くなり、従来の３つのステージからマルチステージへと移行します。つまり、２つ、３つのキャリアをもち、生涯を通じて再創造を繰り返すことで、人生の選択肢を広げていく生き方へとライフシフトすることになります（図表15-2）。そこでは、選択肢を狭めずに幅広い進路を検討する「エクスプローラー」（探検者）や、自由と柔軟性を重んじて小さなビジネスを起こす「インディペンデント・プロデューサー」（独立生産者）、さまざまな仕事や活動に同時並行的に携わる「ポートフォリオ・ワーカー」など、多様な選択肢が可能となります。ステージを変えるごとに新たな能力を身につけ、視野や人とのつながりも強くなっていきます。それが、マルチステージ型のライフモデルです。

　このような新しいステージに移行するためには、自分への積極的な投資が必要です。自分が何者であるかというアイデンティティを常に意識し、自分らしく生きるということはどういうことかを常にイメージして行動する。こ

図表15-2　ライフモデルの「これまで」と「これから」

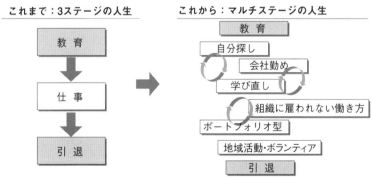

これまで：3ステージの人生

教育 → 仕事 → 引退

与えられた仕事をこなすだけの
受け身の人生

これから：マルチステージの人生

教育
自分探し
会社勤め
学び直し
組織に雇われない働き方
ポートフォリオ型
地域活動・ボランティア
引退

「ありたい自分」を主体的に選択していく自律的で
能動的な人生

れからは、与えられた仕事をこなすだけの受け身の人生ではなく、「ありたい自分」を主体的に選択していく時代なのです。そこに、リカレント教育の意味があります。

❖ 海外におけるリカレント教育

　リカレント教育が注目されたのは、1969年にフランスのベルサイユで開催された第6回ヨーロッパ文部大臣会議において、スウェーデンの文部大臣オロフ・パルメ（のちに首相）がスピーチで触れたのがきっかけといわれています。その後、70年にOECD（経済協力開発機構）が公式に採用し、73年に「リカレント教育－生涯学習のための戦略－」という報告書が公表されたことで、国際的にも広く認知されるようになりました。

　本格的な取り組みは、日本よりも海外のほうが先行しています。とりわけ北欧諸国ではリカレント教育の重要性をいち早く認識し、国をあげて戦略的に展開し、いまでは北欧企業のグローバル競争力の源泉ともなっています。

　たとえばスウェーデンでは、成人教育機関や制度は主として国や自治体が運営しており、多岐にわたります。移民向けのスウェーデン語教育や高度職業教育なども充実しています。在職者に対して教育訓練のための休暇を保障する「教育休暇法」や、「成人教育義務資金法」に基づき労働市場訓練手当や成人学生手当なども支給されています。高等学校教育の実質的義務教育化も実施されており、政府議案「成人の学習と成人教育の発展」に関する国会承認も行われています。

　フィンランドにおいては、リカレント教育は「教養成人教育」「普通成人教育」「成人職業教育・訓練」の3つに分かれており、それぞれ次のような内容となっています。

- 教養成人教育：学習者の興味や社会教育に基づく多様な教育と訓練を提供。成人国民学校や成人教育センターなどで提供されている
- 普通成人教育：成人のための普通高校の教育を提供。いつでも入学申込が可能で、個々人の学習計画に基づいて教育を行う
- 成人職業教育・訓練：就業中の成人にも就業中でない成人にも提供

❖日本におけるリカレント教育

このような動きに触発されるように、日本においても取り組みは進められています。

1. 厚生労働省「人生100年時代構想会議」の創設

厚生労働省では、人生100年時代を見据えた経済社会システムを創り上げるための政策のグランドデザインを検討する会議として、2017年9月以降、「人生100年時代構想会議」を設けて議論を重ねています。同会議が公表した「人生100年時代構想会議中間報告」では、次のような報告がなされています。

- ある海外の研究では、2007年に日本で生まれた子どもの半数が107歳より長く生きると推計されており、日本は健康寿命が世界一の長寿社会を迎える
- 100年という長い期間をより充実したものにするためには、幼児教育から小・中・高等学校教育、大学教育、さらには社会人の学び直しに至るまで、生涯にわたる学習が重要である
- 人生100年時代に、高齢者から若者まで、すべての国民に活躍の場があり、すべての人が元気に活躍し続けられる社会、安心して暮らすことのできる社会をつくることが重要な課題となっている

一方、内閣官房人生100年時代構想推進室が2018年に公表した「リカレント教育 参考資料」によれば、高等教育機関への25歳以上の入学者の割合は、OECD参加国の平均が16.6%であるのに対し、日本は2.5%と著しく低い。また、「仕事が忙しくて学び直しの余裕がない」「費用がかかりすぎる」といった理由から、学び直しに問題があると感じている社会人が78.4%もいることがわかっています。

2. リカレント教育で学ぶコンテンツとその対象者

リカレント教育で学べるコンテンツは多岐にわたりますが、たとえば経営学・法律・会計といった「ビジネス系科目」、英語などの「外国語」、MBA（経営学修士）・社会保険労務士といった「資格取得系科目」、「ITリテラシー」「内部監査」など、主に仕事と直結したコンテンツを学ぶことが多いようです。また、観光や農業など「地域に特化した科目」や、介護・福祉といった社会的に需要が高い科目も学習できます。

リカレント教育の対象者としては、義務教育や高校・専門学校・大学などで教育を修めた社会人が主となります。社会人として現在働いている人のほか、社会人として働いた経験のある人も対象となります。何歳から何歳までといった年齢制限もありません。そのため、勤務先や家族の理解が得られれば、「もう一度学びたい」と思ったタイミングで学び直すことができます。最近では、結婚・出産・介護などの理由でいったん離職した仕事のブランクがある人や定年退職者が、リカレント教育を受けることも多くなってきました。このような対象者に対して、たとえば図表15-3のようにリカレント教育に力を入れる大学や教育機関も増えてきているのが実情です。

３．企業におけるリカレント教育への取り組み状況

　変化の激しい時代背景やビジネス環境の厳しさから、社会人でも大学院や大学で学び直そうという人は増えています。MBAやMOT（技術経営）、コンピュータサイエンスや、統計学、AI、心理学など各種専門の大学院などが多くつくられています。日中にフルタイムでカリキュラムを提供するプログラムも多い一方で、仕事をしながらでも通うことができるよう、多くの教

図表15-3　大学におけるリカレント教育の一例（各ライフステージのニーズに応える教育）

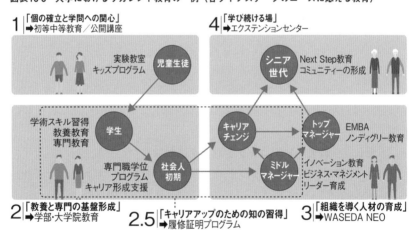

出所：早稲田大学ホームページ「早稲田大学のリカレント教育"Extension"から"Integration"へ」
　　　https://www.waseda.jp/top/news/62394

育機関が夜間や土日を活用した教育プログラムを提供するようになっています。

また、大学や大学院といった教育機関だけでなく、民間企業でも社会人に向けた学びのサービスを多く提供しています。それは、従来から存在していた資格取得のための講座や語学関連のスクールのみならず、近年ではプログラミングやデザイン、Webマーケティング、AIといった領域での教育サービスも増えてきました。提供方法も、通学を前提としたスクールだけではなく、オンラインで受講できるものやアプリで学習できるものなど、さまざまなサービスが提供されています。

❖日本におけるリカレント教育の課題

日本においても、リカレント教育はさまざまな形で進展をみています。しかし環境が整っているとはいいがたくその改善も重要です。文部科学省が社会人（25〜50歳男女）に対して2015年に実施した調査によると、リカレント教育の課題について、費用の次に多かったのが、勤務時間が長くて十分な時間がないことでした。こうした課題に対しては、さまざまなICTツールの活用も有効でしょう。「社会人の大学等における学び直しの実態把握に関する調査研究」でも、学び直しを行うための必要要件として、インターネットなどによる授業ができるシステムの整備をあげる声が多数、寄せられました。

内閣府がまとめた「人生100年時代の人材と働き方」におけるリカレント教育の課題を参考に足元の課題をまとめると、およそ次のとおりです。

日本におけるリカレント教育の課題の一つは、諸外国と比較して、日本は質の良いリカレント教育の提供ができる教育機関が少ないことで、これはWorld Economic Forum（世界経済フォーラム）での経営者の評価からも明らかです。リカレント教育を受けるための学校や専門的訓練の質の向上が必要なのです。この課題に対して、日本政府は、大学教育の質の向上をはかるために、各大学の役割や特色・強みの明確化を一層進めることが必要であるとしています。たとえば、実務経験のある教員を増やすこと、実務経験のある教員が教授会の運営に参画すること、社会人受け入れに対する柔軟なシステムをつくること、などです。

社会人となってからも、学び直しをすることで、仕事に直結した知識やスキルを習得し、キャリアアップをはかることは可能です。リカレント教育による社員のレベルアップは、業務効率化や生産性向上、イノベーション創出など、企業にとっても大きなメリットがあることは、すでに指摘されているところです。リカレント教育に積極的に取り組んでいる企業の事例などを参考に、少しでも多くの社員がリカレント教育を受けられるよう、復職制度や長期休暇制度の充実などが待たれます。

　21世紀の企業に必要なのは、質の高い人材を一人でも多く採用、確保し、育成することです。企業にとっては、より多くのエクセレント・パーソン（傑出した人材）を獲得できるか、個人にとっては、エクセレント・パーソンになれるかどうかが、生き残りのためのカギとなります。

　各企業におけるリカレント教育の今後の展開に期待したいと考えています。

【さらに学びを深めるための参考文献】
内閣府「第5期科学技術基本計画」https://www8.cao.go.jp/cstp/kihonkeikaku/index5.html
リンダ・グラットン、アンドリュー・スコット『LIFE SHIFT』東洋経済新報社、2016年
大前研一『稼ぐ力をつける「リカレント教育」』プレジデント社、2019年

おわりに—人材の未来に思う

　昨今、各種書籍や文献が提示する未来予測は、日本にとってあまり明るいものではありません。たとえば、佐々木裕子『21世紀を生き抜く３＋１の力』（ディスカヴァー・トゥエンティワン）では、2050年の未来を想定して、次のような変化を指摘しています。

- 2050年の世界人口は96億人（つまり、現人口の1.4倍）。もっとも人口成長の著しい地域は、アフリカとインド
- 2050年の日本の人口は、推計で9700万人。日本は、ベトナムよりも人口の小さい国になり、GDPは中国、インドの12分の１未満になる
- 2050年の日本の総人口の平均年齢は、53.4歳。人口の４割が65歳以上の国になる
- 2050年までに、日本の現居住地域の20％が「人の住まない土地」となり、60％の地域で人口が半減。人口の４割は「おひとりさま」になる
- 2010年に１秒でダウンロードできたのは新聞４分の１日分。2050年には、１秒で新聞3.5億年分をダウンロードできるようになる
- 2011年に小学校に入学した子どもの65％は、いまはまだない職業に就くだろう　–キャシー・デビッドソン デューク大学教授（2011年ニューヨークタイムズ紙）

たとえば、新しい時代に必要とされる新たなスキルへの対応ひとつを取り上げてみても、事は重大です。その原因は、やはりAI革命の進行です。この新しいスキルへの対応と人材への投資の重要性が認識されてきており、人材のスキルアップと「リスキル」（再教育）を行うためのリカレント教育に取り組む必要性も生じています。

　機械とアルゴリズムが職務上の役割と責任の多様性に影響を与え、ほぼすべての仕事で変革が起こると予測されるなか、組織にとっては適切な人材を確保することがかつてないほど重要になってきています。ロボットやアルゴリズムは工場のなかだけにとどまらず、家庭や企業のバックオフィス、本社部門にも影響を与えるようになってきました。

このような時代、働く人たちは、適応能力や社会的知性、コミュニケーション力、問題解決能力、リーダーシップといった、テクノロジーではなかなか補完できない典型的な「ヒューマン・スキル」を磨くためのトレーニングが必要となってきます。これからの10年は「リスキル革命」の時代ととらえ、人間と機械が混在するハイブリッド・モデルのなかで、両者が協働し共創することを可能にする「融合スキル」が重要となってくるでしょう。

　人間とテクノロジーが協働しながら未来の職場で成功することのできる最適なバランスをどう見出していくべきか？　この新たなコラボレーションがテーマとなっていくと予測されます。そのなかで、グローバルな人材競争力も再定義されてきており、各国はそれぞれにAI革命のリーダーとなるべく競争を続けています。

　オックスフォード大学のマイケル・A・オズボーン教授の指摘を待つまでもなく、2030年には、AIの進化や技術革新による自動化などで、多くの仕事が代替されてしまうともいわれています。少子高齢化もより深刻化し、日本では３人に１人が65歳以上の高齢者になると予測されています。

　社会の構造や価値観も大きく変容していくでしょう。そんな環境の変化や多様化に対応するため、ダイバーシティの必要性が指摘され、本格的な取り組みを続ける企業も確かに増えてきました。日本は、多民族国家ではないので、未知の文化に柔軟に対応するスキルを磨く機会が他国に比べ乏しいとの指摘もあります。しかし、第４次産業革命が始まったいま、もっとも必要なソーシャル・スキルを磨いていかなければ、変化のスピードに追いつけないことは火をみるよりも明らかです。

　これからの時代に、グローバルな課題を解決に導ける人材の確保は必要不可欠です。しかし、世界的に進む少子高齢化の影響などにより、エクセレント・パーソンは世界中で"War for Talent"（人材争奪戦）の様相を呈してきています。グローバルに人材の流動性が高まり、求められるスキルや経験がより高度になっていくなかで、個人もこれまで以上に新しいスキルを磨き、キャリアアップをはかっていかなければならなくなるでしょう。人材に対して、そのような成長機会を提供できる組織こそ、エクセレント・パーソンをも惹きつけられるのだと思います。日本企業は、今後とも多様な国の

人々とともに働く職場の実現や若手社員の海外派遣など、社員が成長できる環境や制度づくりを進めるべきでしょう。

　個人の立場に立ち返ってみれば、人生100年時代においては、60歳はほんの中年。これからの時代、たとえば60歳ならばかつての40歳など、年齢は20歳差し引いて考えるという発想が重要との見方もあります。

　先進国は、今後どの国もおしなべて少子高齢化が進みます。先進国の財政は引き続き厳しい状況にあり、逆人口ピラミッドが先進国の社会保障制度を窮地に追い込む可能性も否定できません。このような状況下において、「年だから…」などと、自分に限界を設定することは、もっとも危険な考え方です。これからは、一生を通じて新しいことを学び、常にイノベーションを起こせる人的資本であり続ける。自分の健康や新しい知識に対して惜しみなく投資する。そんな日々の取り組みの先に、人材の未来は待ち受けているものと信じます。

＊

　本書は、著者が中央大学大学院戦略経営研究科（ビジネススクール）で、客員教授の立場で足掛け12年間担当させていただいた「人材開発」の講義用レジュメをもとに、最近の動きを加味して執筆したものです。同ビジネススクールの教職員のみなさまには、在職中ひとかたならぬお世話になりました。また、同ビジネススクールで著者の授業を受講された修了生の方々には特段のお礼を申し上げます。当時の受講生であった修了生のみなさまとは、公私にわたり楽しい時間を共有させていただきました。あらためて、みなさまに御礼申し上げます。

　最後に、ご縁あって本書を手に取られた読者のみなさまの業務に本書が少しでも役立つことを祈念しています。

著　者

吉田　寿（よしだ・ひさし）
早稲田大学大学院経済学研究科修士課程修了。富士通人事部門、三菱UFJリサーチ&コンサルティング・プリンシパルを経て2015年よりビジネスコーチ㈱チーフHRビジネスオフィサー。BCS認定プロフェッショナルビジネスコーチ。“人”を基軸とした企業変革の視点から、人材マネジメント・システムの再構築や人事制度の抜本的改革などの組織人事戦略コンサルティングを、グループかつグローバルに展開している。これまで担当したコンサルティング・プロジェクトは500件超。中央大学大学院戦略経営研究科客員教授（2008～2019年）。早稲田大学トランスナショナルHRM研究所招聘研究員。主な著書『パワハラ防止ガイドブック』（共著）『社員満足の経営』『仕事力を磨く言葉』（以上、経団連出版）、『世界で闘うためのグローバル人材マネジメント入門』（日本実業出版社）、『リーダーの器は「人間力」で決まる』（ダイヤモンド社）、『企業再編におけるグループ人材マネジメント』（共著、中央経済社）、『ミドルを覚醒させる人材マネジメント』『人事制度改革の戦略と実際』『人を活かす組織が勝つ』（以上、日本経済新聞出版社）。その他論文、新聞・雑誌への寄稿、講演多数。

未来創造型人材開発
（みらいそうぞうがたじんざいかいはつ）
－進化する育成戦略と学びのデザイン

著者◆
吉田 寿

発行◆2020年9月30日 第1刷

発行者◆
輪島 忍

発行所◆
経団連出版

〒100-8187 東京都千代田区大手町1-3-2
経団連事業サービス
電話◆[編集]03-6741-0045 [販売]03-6741-0043

印刷所◆そうめい コミュニケーション プリンティング